卑弥呼の鏡が解き明かす

邪馬台国とヤマト王権

藤田憲司

朝鮮半島略図

ペクトゥサン 白頭山
ラソン 羅先
咸鏡北道 ハムギョンブクト
チョンジン 清津
ヘサン 恵山
両江道 リャンガンド
カンゲ 江界
慈江道 チャガンド
朝鮮民主主義人民共和国
咸鏡南道 ハムギョンナムド
シニジュ 新義州
平安北道 ピョンアンブクト
ソンチョン 宣川
チョンジュ 定州
ニョンビョン 寧辺
ニョンウォン 寧遠
ハムン 咸興
平安南道 ピョンアンナムド
ピョンヤン 平壌
ナムポ 南浦
ウォンサン 元山
クムガンサン 金剛山
黄海北道 ファンヘブクト
江原道 カンウォンド
黄海南道 ファンヘナムド
38°
パンムンジョム 板門店
ケソン 開城
京畿道 キョンギド
チュンチョン 春川
江原道 カンウォンド
ソウル
インチョン 仁川
ヨジュ 麗州
スウォン 水原
イチョン 利川
忠清北道 チュンチョンブクト
チョンジュ 清州
忠清南道 チュンチョンナムド
慶尚北道 キョンサンブクト
テジョン 大田
大韓民国
ポハン 浦項
チョンジュ 全州
テグ 大邱
全羅北道 チョルラブクト
ウルサン 蔚山
慶尚南道 キョンサンナムド
クァンジュ 光州
マサン 馬山
プサン 釜山
モッポ 木浦
全羅南道 チョルラナムド
チェジュ 済州

目次

序章　違和感の始まり

避けたかったテーマ

本書は、列島古代史のなかで大きな関心が寄せられている邪馬台国やその所在地について直接論じているものではない。という意味ではタイトルとは裏腹な印象を持たれるかもしれない。

私は、邪馬台国や卑弥呼という名称を扱うことは考古学の正道から外れているという雰囲気のなかで考古学を学び始めた。しかしながら、卑弥呼が魏に朝貢した年と魏から帰った年にあたる景初三（２３９）年銘や正始元（２４０）年銘の鏡（そのなかに三角縁神獣鏡（鏡の裏側の縁が断面三角形になっている鏡）がある。その前後の魏や呉の年号が入った鏡も11面出土している。遺物・遺構に語らせるという考古学も、国家の成立を扱う限り『魏志倭人伝』の世界と無関係で済ますことはできない。邪馬台国や卑弥呼の名称を用いなくても、私の師たちは邪馬台国と卑弥呼を強く意識していたことが、その著書の行間からもうかがえる。

私が邪馬台国を意識し始めたのは、１９９１年に発表された都出比呂志（大阪大学名誉教授）氏の「前方後円墳体制の提唱」という魅力的な論文（「日本古代の国家形成論序説―前方後円墳体制の提唱―」『日本史研究』三四三）に接した頃からである。関連論文をまとめて２００５年に刊行された大著『前方後円墳と社会』（塙書房）は、考古学資料を駆使して国家形成論を語った考古学の名著といえる。

氏は、いわゆる古墳時代（私はこの時代を適切に表現する用語として、「前方後円墳時代」（近藤義郎／１９９８年『前方後円墳の成立』岩波書店）と呼ぶのがふさわしいと考えるので、以下この用語を使用する）

を成熟国家前段階の初期国家段階と位置付けている。奈良県箸墓古墳を指標として前方後円墳時代は三世紀半ばから始まり、前方後円墳、前方後方墳、円墳、方墳の墳丘形態による格付けのもとに各地に種々の墳墓が築かれたと主張している（図1）。

この間、新しい発見もあった。

それまで最古の三角縁神獣鏡とされていた京都府椿井大塚山古墳や備前車塚古墳出土の鏡よりも古い型式の三角縁神獣鏡が相次いで発見された。兵庫県権現山51号墳、同県西求女塚古墳、大阪府安満宮山古墳、奈良県黒塚古墳、滋賀県雪野山古墳などである。いずれも複数の鏡を副葬しており、黒塚古墳では33面の三角縁神獣鏡が出土した。

かつて三角縁神獣鏡を伴う最古の墓とされていた京都府椿井大塚山古墳や備前車塚古墳は三世紀末より古くならないということが、三角縁神獣鏡を卑弥呼が入手した鏡と考える際の弱点になっていた。三角縁神獣鏡の入手時からその副葬が始まるまでどこかで秘匿されていた、という証明しがたい解釈があったためである。

新発見の鏡は従来よりも型式的に古いことが、緻密な研究によって明らかにされた。その結果、三角縁神獣鏡の副葬時期に伝世期間を考えなくてもよくなったという。

また、ＡＭＳ法（有機物に含まれる炭素14の半減期を利用して何年

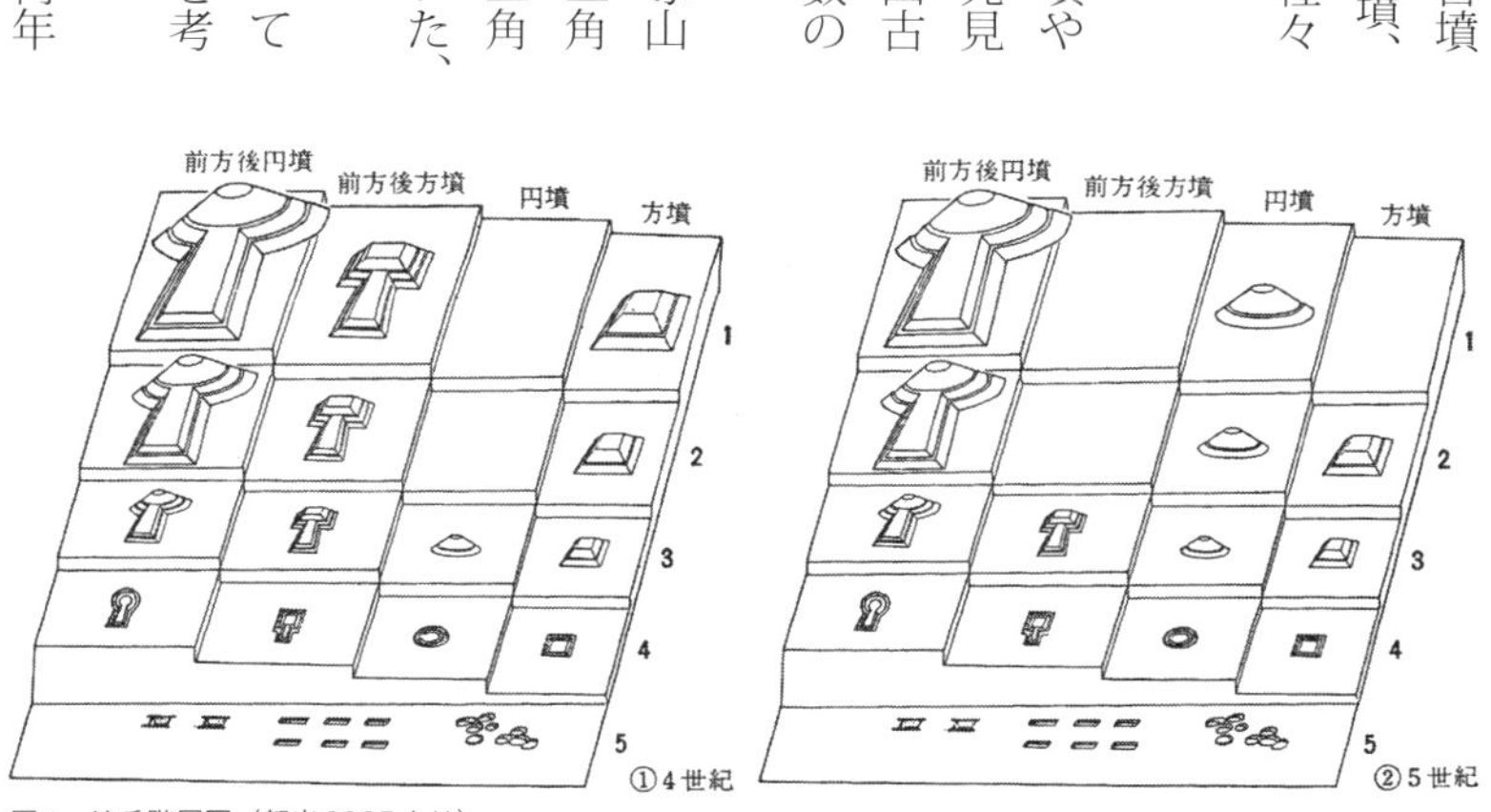

図1　墳丘階層図（都出2005より）

前に生命活動を終えたのかを測定する。AMS法は加速質量分析器で年代を測定するため、わずかな資料で短時間に正確に測定できるとされている。これに樹木の年輪から得られたデータと比較して年代較正を行ない、さらに精度を高める。現在用いられているのは、欧米産樹木の年輪データ、INTCAL98で、アジアでも数十年以上の誤差はないといわれている）による炭素年代測定と分析が進み、箸墓の年代は250年±10年という主張もある（第三章第三節参照）。

前方後円墳時代が三世紀半ばまで遡ることが明らかになったので、邪馬台国とヤマト王権（倭王権あるいは中央政権と呼ぶ研究者もいる）は連続すると考えてよいという意見もある。

これらの研究のほとんどは、仿製鏡（ぼうせいきょう）（中国鏡を真似て作った鏡）と呼ばれる後出的な一群の評価を除くと、一様に三角縁神獣鏡を中国鏡と認定している。そして倭（ヤマト）王権から地域首長に配布（下賜）された「威信財」と考えている。

新聞などのマスコミは、三角縁神獣鏡に関わる記事を「卑弥呼の鏡」という見出しで報道する機会も増えている（図2）。

図2　景初三年銘三角縁神獣鏡
（島根県教育委員会提供）

相前後して鏡と前方後円墳、鉄器についての全国的な集成も行なわれた。個人レベルでは果たしえない膨大な資料の集成作業もまた、特筆すべきであろう。

国立歴史民俗博物館による弥生時代から前方後円墳時代の出土鏡集成（以下「鏡集成」と略記）の結果、日本列島で約4800面の鏡が出土していることが明らかになった（国立歴史民俗博物館／1993年「日本出土鏡データ集成『国立歴史民俗博物館研究報告』56集）。朝鮮半島のほぼ同時期の鏡が伝聞情報も含めて約770面であるから、日本列島の鏡は桁違いの多さである。

前方後円墳研究会がほぼ10年かけて刊行した『前方後円墳集成』全六巻（近藤義郎編／1991〜2000年　山川出版　以下『集成』と略記）には、約3700基の前方後円墳と約450基の前方後方墳が記載されている。日本列島以外では朝鮮半島南西部の全羅南道地域に五〜六世紀の前方後円墳が16基知られているが、これも日本列島古代文化の特徴といえる。

『集成』では「舶載」三角縁神獣鏡を副葬する墳墓の多くを10期に区分した前方後円墳時代の1期に位置付けている。具体的な論述はないものの、三角縁神獣鏡はヤマト王権が中国から入手・配布した鏡という視点が垣間見え、副葬墓の時期の根拠にしている。

邪馬台国の時期から前方後円墳時代にかけて、武器や装飾品、土器などの研究は非常に緻密に行なわれている。とりわけ銅鏡の研究は、鋳だされた図像の局所のわずかな歪みや1㎜の線の太さの違いも見逃さない。その精緻な観察力と分類は追随を許さない域に達している。

これらの研究は、多くの場合ヤマト王権によってそれらの器物の入手・生産・配布が行なわれたという論理である。日本列島にはただひとつの中心的な権力しかなく、そのほかは地域勢力という図式である。

ヤマト王権による日本列島の広域的な支配体制（研究者によっては同盟的結び付きとして緩やかな結合体制を考えている。ただし、その実態はヤマト王権主導という図式になっている）は、朝鮮半島と比較するといち早く成立したことになる。鏡に至っては卑弥呼の時代だけでなく、中国の王朝が交替し四分五裂の乱立状態になる五世紀になってもヤマト王権の「威信財」として中国の王朝と直接交渉して入手したものともいう。都出氏の前方後円墳体制論に触発され先鋭化した論考も目にする。

いく人かの論考にはヤマト王権が各地首長の墳墓の形や規模を規制したという趣旨の記述がある。また、前方後方墳は狗奴国と想定した東海地方で成立し、のちに邪馬台国に従属して前方後円墳の下位に位置付けられたという解釈もある。

奈良県内には、石塚古墳やホケノ山古墳のように箸墓古墳よりも古い前方後円墳がいくつかある。長さ100m近い墳墓を築いた纏向(まきむく)を中心とする勢力は、卑弥呼の時代に列島最大の勢力だったことは確かであろう。ただ、列島最大ないし最強勢力＝邪馬台国という根拠はない。

混迷のなかで

こうした邪馬台国論やヤマト王権論に関連する論文を読んでいると居心地の悪さというか、妙に違和感を覚える。

ヤマト王権が地域首長の墓の規模や形まで規制したという事態はお互いの首長の力関係がおよそ10対0に近い支配関係でおきることであり、そのような前方後円墳時代は初期国家段階ではもはやなく、専制国家そのものの成熟国家とみるべきであろう。

私の素朴な質問（藤田／2002年「前方後円墳体制論を考える（覚え書き）」『大阪文化財論集』Ⅱ（財）大阪府文化財センター）に、都出氏は『前方後円墳と社会』のなかで「墳丘の形と規模はヤマト王権と地域首長の相互承認による結果」であると答えてくれた。

違和感と戸惑いはさらに広がることになった。

ヤマト王権と地域首長の相互承認という行為は証明できるのか。都出氏の論理には、三角縁神獣鏡は魏から入手した鏡で、前方後円墳は大和で成立し、箸墓古墳の時期は250年頃という前提がある。この前提は充分検証されているのか、そこが問題である。

奈良（大和）纏向古墳群のなかで最も古いと目されるのが石塚古墳である。その石塚古墳の形はどのような経緯をたどって築かれたのかまだわかっていない。都出氏は纏向型と呼ばれる前方後円墳の祖形がいずれ大和で見つかるであろうと記しているが、石塚古墳に先立つそのような形跡はいまのところ大和では認められない。

香川県や徳島県では円形周溝墓から突出部が形成され、前方後円墳になっていく過程をたどることができる。初期前方後円墳に見られる竪穴式石槨（棺を囲う石積みの施設）も割竹形の木棺も香川県や岡山県でいち早く出現している。ホケノ山古墳の石囲い木槨（棺を囲った木槨をさらに石で囲った施設）の規模には遠く及ばないが、その先行形態とみなしうる埋葬施設も弥生時代後期の岡山県立坂墳丘墓の埋葬施設にある。

一方、前方後方墳は大阪府下でも方形周溝墓から次第に突出部が発達し前方部を形成する過程をたどることができる。それらは方形周溝墓群に接してひときわ大きな規模で築かれている。

前方後方墳は東海地方で成立し、各地に普及したという主張があるが、前方後方墳は各地の弥生時代方形周溝墓の発展型として成立し、出雲地域を除いて前方後円墳の普及とともに次第に姿を消していく墳墓である（第三章参照）。

九州と畿内の異質な文化

私が卑弥呼の時代から前方後円墳時代の諸説に違和感を抱くようになった伏線は、すでに20年以上前からあった。

弥生文化の成立をテーマに大阪府立弥生文化博物館の共同研究が行なわれ、討論の席で西北部九州（福岡県の一部と佐賀県、長崎県地域を仮称する）の弥生文化を近畿地域の弥生文化と同一の文化として扱ってよいのか、九州島は別のクニと見るべきではないかという趣旨の発言（大阪府立弥生文化博物館編／1995年『総合討論』『弥生文化の成立』角川書店）をしたことがある。

第二章でふれるが、西北部九州の初期稲作文化集団は、中・四国地方以東はもとより九州島の他地域とも異なる文化集団を形成している。成人用の埋葬に大きな甕棺（かめかん）を用いる。弥生中期初頭に始まる列島の鏡文化もほぼこの地域に限定される。中期から後期の日常生活土器の形も中・四国地域以東とは異なっている。かつて九州の銅矛文化圏と近畿の銅鐸文化圏といわれたように青銅器文化の内容も異なっている。いわば別世界を形成している。

九州と近畿地域という対比だけでなく、弥生時代後期から庄内式土器並行期（おおよそ卑弥呼の女王時代にあたる）には西北部九州と南部九州、瀬戸内、山陰・北陸、畿内地域（奈良県と大阪府、京都府南部山城地域、兵庫県東部摂津地域を仮称する）は似た要素も認められるが、それぞれ別個の埋葬文化を持っている。それぞれが異文化といわざるを得ない。

これらの文化を、畿内地域を中心とする弥生文化の地域色と見ることに根本的な問題があるのではないか。卑弥呼の時代から前方後円墳時代の諸問題を考える際にも、九州島と畿内地域を一体的にとらえたままの議論が行なわれている。

いまひとつ邪馬台国に関わる議論で気になるのは、卑弥呼が活躍したという三世紀前半の中国王朝と日本列島の九州および大和の関係だけで議論されていることである。各地域集団の文化的、歴史的背景が語られていない。当時の九州と畿内のどちらがふさわしいかという議論になっている。

そこに欠けているのは、例えば畿内の集団は鏡の文化をどのような経緯を経て獲得したのかという視点である。もとよりそれぞれの材料を扱っている研究者は、両地域の前後の歴史的展開に充分注意を払っている。

都出氏は弥生後期後半、朝鮮半島からの鉄器入手主体が九州勢力から畿内勢力に代わったという（都出比呂志／１９９８年『古代国家はこうして生まれた』角川書店）。弥生後期の畿内で石器の数が急速に減ることなどを背景に鉄器が普及したと想定し、畿内勢力の台頭を主張している。

漢鏡と三角縁神獣鏡の研究で著しい成果を上げた岡村秀典氏（京都大学教授）も、弥生時代後期に相当する後漢後半から魏代の鏡の分布域が九州ではなく畿内中心になることを指摘して、鏡の入手主体が九州から畿内に移ったという（岡村秀典／１９９９年『三角縁神獣鏡の時代』吉川弘文館）。

両氏の主張は、卑弥呼の時代には畿内の勢力が九州勢力に代わって、倭のクニグニの主導権を握る勢力になっていたことを意味する。氏らの主張は認めうるのだろうか？

２０００年に発表された川越哲史氏（元広島大学教授。故人）編集の弥生時代の鉄器集成（川越編『弥生時代鉄器総覧』広島大学文学部考古学研究室）によると、列島内で出土している鉄器は約８２００点である。畿内地域の鉄器出土総数は２００点余である。その後に発表されたホケノ山古墳出土を含めても３００余点である。

これは山陰などの拠点的な一遺跡で出土する鉄器量にも及ばない。瀬戸内側を見ても畿内から西に離れた地域、言い換えれば九州島に近くなるほど鉄器の出土量が多い。

鉄器は再利用されたり、また錆びて残りにくい材質であったりすることから、遺跡での出土数を単純に比較しがたいとわれる。その恐れは確かにあるが、鳥取県青谷上寺地（あおやかみじち）遺跡では湿地から大量の鉄器が出土している。京丹後市奈具丘遺跡や福井県林・藤島遺跡など薄い堆積層しかない丘陵上の遺跡でも管玉（くだたま）の穴をあける細い針状の鉄器が１００点以上出土している。密封される埋葬施設ではなく、集落遺跡に放置されて残った鉄器である。ムラが移る際に捨てられて残った鉄製品という見方をすると、新たな鉄器、あるいは鉄素材の入手の目途があったからこそ放置されたといえる。

弥生後期の畿内の遺跡で石器が減少したことには別の視点も必要である。大阪平野では中期にあった平野部の拠点的集落が途絶え、周辺の丘陵に分散的に移ったことなども影響している（藤田／2002年「見えざる鉄器」『究班』九阪研究会）。鉄器の入手主体が九州の勢力から畿内の勢力に移ったという様相とはかけ離れている。

後漢鏡の分布論にも課題がある。岡村氏の指摘のように後漢から魏にかけての鏡の分布の中心は確かに畿内にある。氏が図示した分布図は説得力があるが、子細に見ると後漢鏡が出土した遺構はその大半が四世紀代以後の墳墓である。鏡は製作後あまり時を置くことなく倭人社会に伝わったという氏の持論からすると、これらの鏡は後漢ないし魏から入手した首長または被葬者のグループの手元で長い間伝世したことになる。これらの鏡は伝世し、三角縁神獣鏡だけは伝世しないという論理は成り立つのか。三角縁神獣鏡は特別な鏡だから伝世せずに副葬されたという解釈もできなくはないが、いささか不自然な印象をぬぐえない。

卑弥呼が魏から入手したという鏡は三角縁神獣鏡以外の鏡も含まれている可能性がある。卑弥呼遣使の年とその翌年の年号を刻んだ鏡を卑弥呼のために鋳造した鏡とするのであれば、三角縁神獣鏡以外にも景初三年銘画文帯神獣鏡（がもんたい）、暦上は実在しない景初四年銘を持つ斜縁盤龍鏡（しゃえんばんりゅうきょう）がある。景初三年画文帯神獣鏡は誰もが四世紀代中頃と認める大阪府和泉黄金塚古墳から出土している。少なくとも三角縁神獣鏡がほかの鏡と違って、ヤマト王権の権威性をまとう特別な「威信財」になったことを説明する必要があろう。

違和感の正体

鬼道を用いたと記されている卑弥呼のイメージは、美形の女性が鏡を首から吊るしたり鏡を高く掲げたりする姿を思い浮かべる方も多かろう。絵にもしばしば描かれている。

鏡は実際、そのように用いられたのだろうか。どうも、日本人は鏡に対して特別な思い入れがあるように思う。

三種の神器の意識が生まれるのはもっと後の時代である。前方後円墳時代の墓で鏡と玉（勾玉）と剣がセットで出土する例は意外に少ない。剣ではなく刀、勾玉ではなく管玉や丸玉の組み合わせはある。どれかが欠けていることが多い。黒塚古墳には玉の副葬がない。

墓に副葬された器物は多様である。そのなかで鏡だけを別格の器物のように見ているのではないか。倭人社会で用いられた鏡の機能に対する第一歩の課題は解決済みなのか。

違和感の正体は、邪馬台国やヤマト王権論を語る際に、まず検証すべき前提が数多く残されていたことである。にもかかわらず、その仮説を前提にした論述に対する違和感であった。

都出氏の前方後円墳体制論に対する表立った批判はあまり見られない。前提の検証よりも都出氏の仮説をもとにした解釈が先行し、一様にヤマト王権を中心とした展開論になっている。邪馬台国からヤマト王権に右肩上がりに発展する構図は、各地域の実態と符合しているのか。

鏡には、倭人社会に登場した当初から「威信財」という不変の評価があるように思われる。鏡の用い方に変化はなかったのか。九州島最初の鏡文化の源であった朝鮮半島の鏡文化の変遷を抜きにして、中国王朝との直接比較で倭人社会の鏡文化を語れるのか。本書ではそれらの前提のうち、隣接する朝鮮半島諸集団と倭人社会の鏡の文化を、従来の研究とは異なる視角で比較検討したい。そのなかから倭人社会における三角縁神獣鏡を始めとする鏡文化の実態を描き出すことにしたい。

その作業が、朝鮮半島諸国を介して多くの渡来系文物が倭人社会に伝わったが、鏡は倭王権と中国王朝との直接交渉で入手した（上野祥史・国立歴史民俗博物館編／２０１３年『歴博フォーラム　祇園大塚山古墳と五世紀という時代』１１７頁　六一書房）という解釈の正否を検証することにもつながると考える。

まず、鏡の文化を受け入れる集団の前史を探るため、朝鮮半島の様子から見ることにしよう。

第一章 韓半島の鏡の文化と墓制

朝鮮半島の鏡の文化を取り上げる前に、この地の時代区分と日本列島の時代区分との相対的な関係を記しておこう。

日本列島では、いわゆる古墳時代（前方後円墳時代）までの時代を旧石器時代、縄文時代、弥生時代、前方後円墳時代に大別している。弥生時代は水田稲作が始まったこと、前方後円墳時代は前方後円墳を築いたことを目安にしているが、鹿児島県の島々や沖縄諸島、秋田県から岩手県中部以北など水田稲作の経験や前方後円墳そのものがなかった地域もある。これらの地域は弥生文化やいわゆる古墳文化そのものがなく、独自の伝統的な文化を長い間営んでいた。これらの地域の人々はヤマト王権とはおよそ無縁の集団であり、独自の文化を形成している。

朝鮮半島では前方後円墳時代に相当する時期までを、旧石器時代、新石器時代、青銅器時代、初期鉄器時代、原三国（三韓）時代、三国時代に区分している。

第一節　青銅器時代墓制の特徴

鏡の文化が登場する青銅器時代の実年代観は、韓国学会のなかでも種々の意見がある。韓国考古学会監修の２０１２年改訂版『韓国考古学講義』によると、その始まりは紀元前１５００年頃とされ、日本列島の時代区分ではおおむね縄文時代後期末頃に相当する。その終末は、弥生時代中期前葉に相当する紀元前３００年前後と考えられているが、これも決定的な見解に至っていない。

その理由は青銅器時代と設定しながら朝鮮半島南部では青銅器があまり確認されていないことや、青銅器の広範な普及は初期鉄器時代になってからという実態がある。日本列島で水田稲作の文化がまだ及んでいなかった地域（例えば弥生早期の関西地域）でも弥生時代と規定している事情と似ていて、時代区分の難しさ

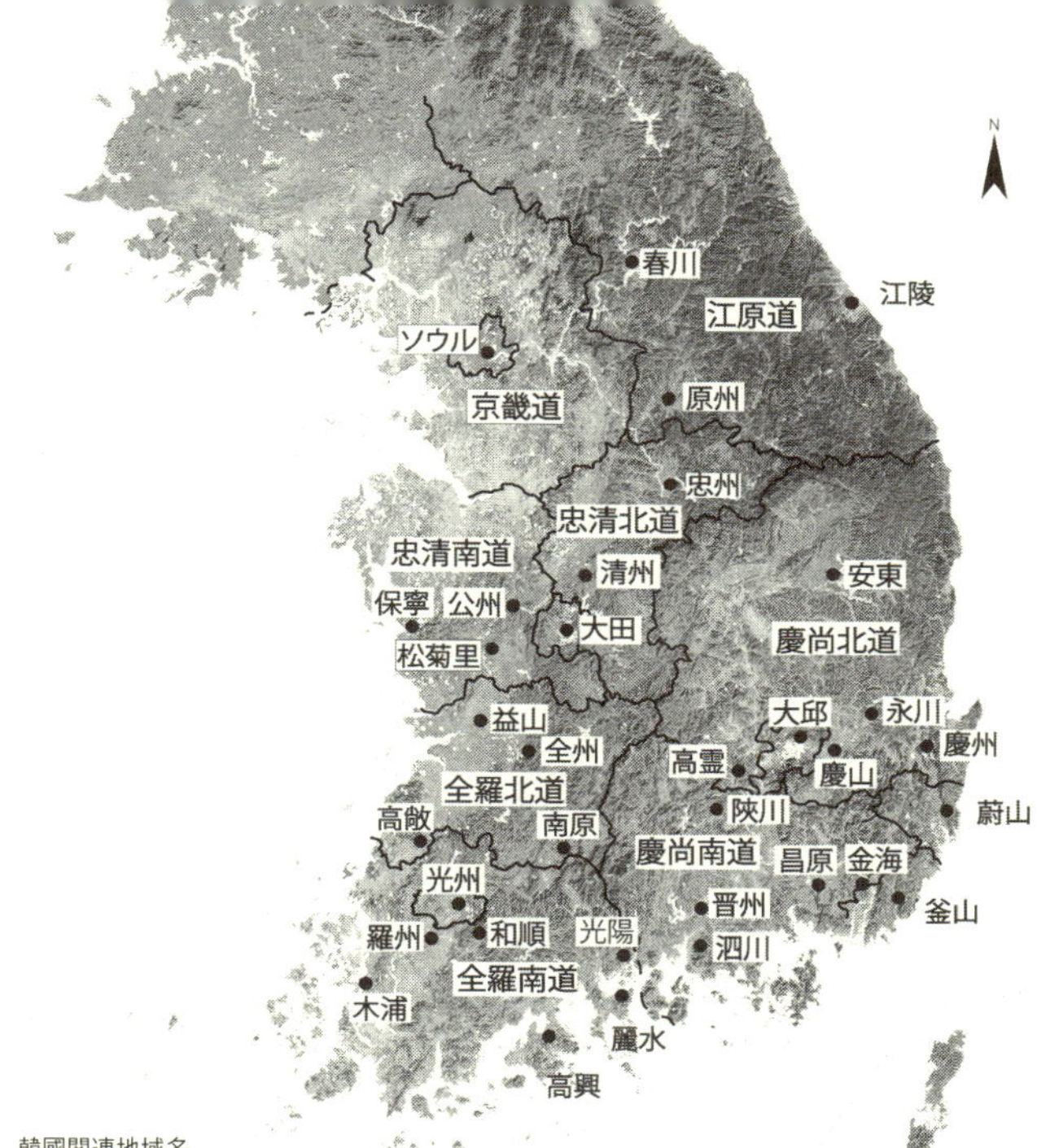

図3　韓國関連地域名

を示すものといえる。

青銅器時代を前・後期に二区分する解釈では後期初めの松菊里式土器と呼ばれる段階が、日本列島で水田稲作が始まる時期におおむね相当する。

初期鉄器時代は紀元前300年頃から紀元前100年頃、原三国時代は紀元前100年頃から西暦三世紀中頃である。弥生時代の中期前葉から中葉と、弥生時代中期末葉から大和で大型前方後円墳が築かれる直前の頃に相当する。三国時代はおおむね前方後円墳時代に相当する。ただ、三国時代といっても朝鮮半島で高句麗・百済・新羅の三国だけが拮抗していたわけではない。馬韓と呼ばれた朝鮮半島南部西側は百済で一くくりにされることが少なくないが、全羅南道を中心とする馬韓南部地域は独自の墳墓文化や土器文化を持つ複数の勢力を五世紀末から六世紀中頃まで形成していた。慶尚南道のいわゆる加耶諸国も金官加耶、安羅加耶、小加耶、大伽耶ほか多くの諸国があった。朝鮮半島南部だけでもいくつもの多様な国家体制があった時代である。新羅がこれらの諸国を最終的に傘下に治め三国時代が終わるのは６６８年、統一新羅時代の幕開けである。日本列島の飛鳥時代後半期にあたる。

この相対関係をもとに朝鮮半島と日本列島の様相を見ていこう。

朝鮮半島青銅器時代には、いくつかのタイプの墓（本書では墓制と仮称する）がある。そのなかで最も特徴的な墓制は支石墓である。数個の石（支石）を据えて、その上に大きな石（上石）を載せた墓である。上石は平たいものもあれば、高さ２ｍを超えるものもある。上石の大きなものは十数ｔ（トン）以上ある。韓国では一般的にコインドルと呼ぶ。

コインドルの中には明らかに人為的構築物にも関わらず、埋葬施設が確認できないものがある。慶尚北道大邱広域市辰泉洞のコインドルは、同心円の線刻がある立石を中心にした区画施設があり、その外に石棺墓などが点在している。これらのコインドルは、周辺に点在する埋葬施設の共同祭祀の場、あるいは墓地を象徴する構築物と考えられている。このような墓とは呼び難いコインドルもあるが、墓に関連する構築物であることは確かである。木浦大学校教授李榮文（イヨンムン）氏は、これらのコインドルは農業共同体内部の結束を高めるために築かれた（李榮文／２００２年『韓国支石墓社会研究』学研文化社）と解釈している。

１９９９年に文化財庁の委託を受けてソウル大学校博物館が集成したもの（文化財庁・ソウル大学校博物館／１９９９年『韓国支石墓（コインドル）遺跡総合調査・研究』）に、その後の総合調査や発掘情報などを含めると、支石墓は中国北東部遼寧省地域から朝鮮半島にかけて5万基近くあると思われる。朝鮮半島南部域には、その六割にあたる約2万８５００基が分布し、その三分の二にあたる1万９０００基以上が全羅南道に集中している（図4）。全羅南道に続いて全羅北道の３０００基、次いで慶尚北道、慶尚南道、京畿道の順に続く。全羅道は世界的に見ても屈指の支石墓の密集地帯で、全羅北道の高敞と全羅南道の和順に（図5）分布する支石墓群は世界遺産に登録されている。

韓国の支石墓は大きく三つのタイプに分類されている。一つは食卓の形のように支石の上に平たい上石を載せたもので卓子式とも呼ばれている。支石は板状の石で囲って長方形の部屋を形作るのが一般的であるが、板石が二、三面しか残っていないものが多い。支石そのものが遺体を納める空間を形作っている。

二つめは数個の塊石を支石とし上石を載せたもので、碁盤の形に似ていることから碁盤式と呼ばれる。1mを超える厚みのある上石が多い。

三つめは上石を支える支石がなく蓋を持つ埋葬施設の上に直接大石を載せた蓋石式である。蓋石式支石墓の中には埋葬施設の間にいくつもの小さな石があるものがあり、碁盤式との区分が困難な場合もある。

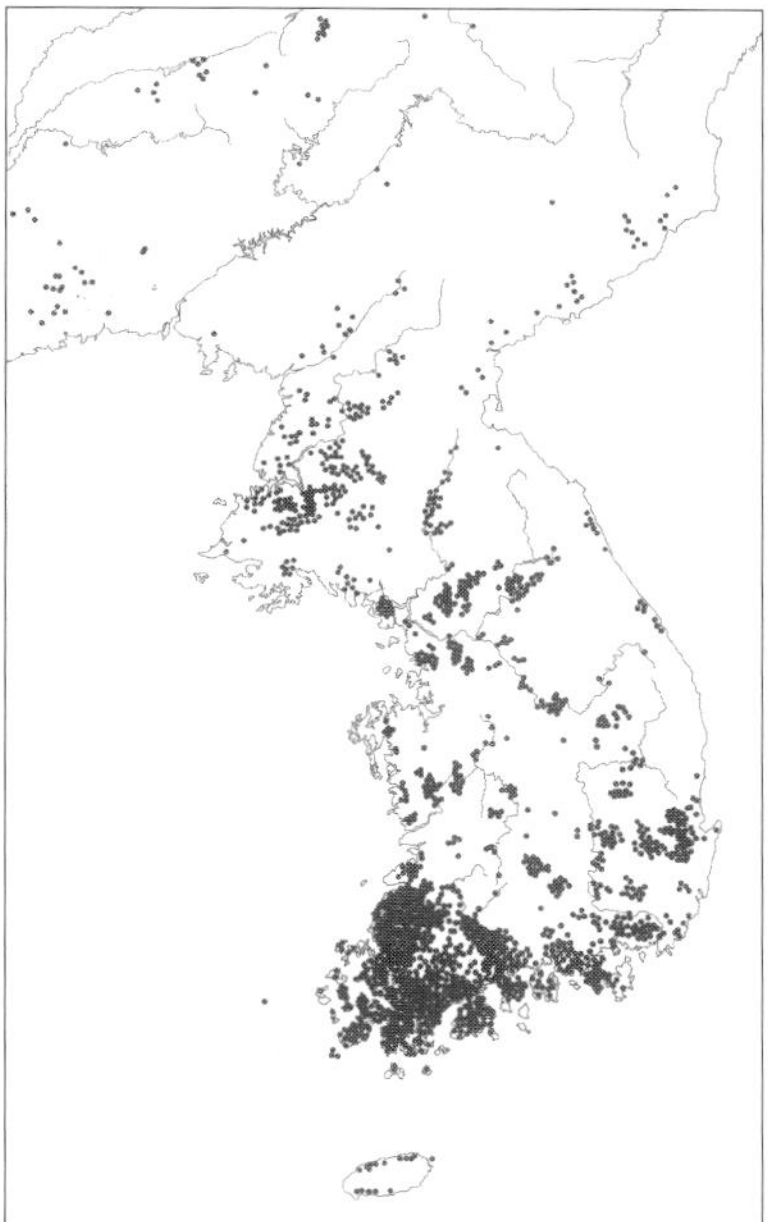

図4　支石墓分布図（甲元2008より一部改編）

卓子式の支石墓は中国東北部や朝鮮半島北部に多く、南部では京畿道を中心に約200基分布している。このため北方式と呼ばれることもある。

一方、碁盤式は南部に多く、南方式と呼ばれることもある。南部地域の支石墓の分布を見ると、河川沿いに山間部深くまで広がっており、漢江上流域や錦江上流域、全羅道と慶尚道を分かつ蟾津江上流域に濃密に分布する。また、全羅南道の南海岸部から慶尚南道にか

図５　和順の支石墓近況

けての海岸地帯にも多数の支石墓が分布する。全羅南道の高興半島や麗水半島の一帯では１００基前後の支石墓群が集中して分布する例もある。

遺体を納める施設も割石や川原石を積み上げて四壁を作った石槨型（棺の有無が不明なものが多く、ここでは割石型石棺と仮称する）や板石を立てて組んだ板石型石棺のほか地面を掘り下げたままの土壙がある。

埋葬方法も施設の規模や人骨などの残存資料からみて、体を伸ばしたまま埋葬する伸展葬や足や腰を折り曲げた屈葬、遺体が骨化してから葬った洗骨葬、火葬などがあったと解釈されている。

洗骨葬に用いられた考えられる小型の石棺や火葬の事例は忠清南道や江原道で報告されており、臨津江上流域などでも少例の報告がある。また、埋葬施設を中心に石列や石敷きで円形や方形に区画した例もある。

副葬品は少なく、磨製の石剣や石鏃（せきぞく）が主である。遼寧（りょうねい）式あるいは琵琶形と呼ばれる銅剣や玉類も出土する。日本の方形周溝墓のように連接した区画施設を持つ麗水の支石墓群では、琵琶形銅剣を折った状態のものや剣先の大部分が研ぎ減りして本来の形をとどめていない琵琶形銅剣も出土している。
　朝鮮半島北部地域では、ボタン状の青銅装飾品（銅泡）や銅鑿などの出土例が数例報告されているが、南部地域の支石墓では銅剣以外の青銅器の出土例はない。ほかに紅陶と呼ばれる赤色磨研土器や黒陶と呼ばれる黒色磨研土器が伴うことがある。これらはほかの墓制などと相対的な比較が可能であるが、副葬品がなく時期を特定することが困難な支石墓も多い。新しい段階に属する慶尚南道馬山市鎮東遺跡や晋州市草長洞遺跡で円形の盛土と貼石の区画施設を持つ支石墓が発掘されている。

　支石墓以外の墓制では、墓の周囲を溝で円形や方形に区画したいわゆる周溝墓と埋葬施設を石で蓋にした松菊里型墓制といわれるもののほか甕棺墓や土壙墓（木棺痕跡が確認されているものを含む）などがある。支石や上石施設のない墓で支石墓とは別の系統の墓制と考えられている。

　地表に目印が残る支石墓の場合は、晋州市草長洞遺跡や江原道中島遺跡（２０１４年調査）のように厚い沖積層で埋没していない限り発見しやすい。

　これに対し、墳丘を伴う一部の例を除き、支石墓以外の墓は地表調査では発見されにくい。加えて副葬遺物がない場合は、堆積層や周囲の状況証拠しか時期を区分できない場合がある。発掘調査をとおして発見されるためか、支石墓に比べて確認例は少ない。

　埋葬施設を中心に円形または方形に溝で囲った墓を周溝墓という。朝鮮半島南部の周溝墓は日本の弥生時代周溝墓に比べると細長いものが多い。江原道洪川哲亭里遺跡や春川市泉田里遺跡（図６）、忠清南道保寧寛倉里遺跡、慶尚南道泗川市梨琴洞遺跡・晋州市玉房遺跡八地区・蔚山中山洞薬水遺跡などで確認されている。哲亭里遺跡の周溝墓では溝で囲った内側の幅が３〜４ｍ、長さが40ｍを超える。細長い区画を持ちながら、埋葬施設は一基か二基だけである。

玉房遺跡では円形周溝墓と方形周溝墓が共存している。埋葬施設は割石型石棺（石槨型）や板石型石棺が多い。中山洞薬水遺跡の土壙墓では、磨製石鏃と管玉、小型土器が出土している。梨琴洞A10号墓の割石石棺墓では赤色磨研土器と琵琶形銅剣、管玉、磨製石鏃が出土している。寛倉里遺跡KM437号周溝土壙墓では青銅器時代としては類例の少ない単鈕（たんちゅう）（鏡の背面にある紐掛け用のツマミが一つのもの）の銅鏡と管玉が出土している。

松菊里型墓制は忠清南道扶餘郡松菊里遺跡の墓を標識とするもので、蓋石式支石墓のような大きな上石がなく、石棺や土壙墓などの埋葬施設を覆う程度の石で蓋をしただけの墓（金承玉（キムスンオク）／2001年「錦江流域松菊里型墓制の研究」『韓国考古学報』四五）をいう。石の蓋だけでなく木蓋の墓もこの墓制に加えようという意見もある（孫俊鎬（ソンジュノ）／2007年「湖西地域青銅器時代墓制とコインドル」『アジア巨石文化とコインドル』）。松菊里型墓制も多くの場合墳丘や区画施設がなく、地表観察だけでは発見できないものが多い。蓋の下の埋葬施設は板石型石棺、（蓋石）土壙、甕棺である。割石型石棺は松菊里型墓制には含めていない。甕棺を除くこれらの墓は、上

図6　泉田里A地区周溝墓（江原文化財研究所2010より一部改編）

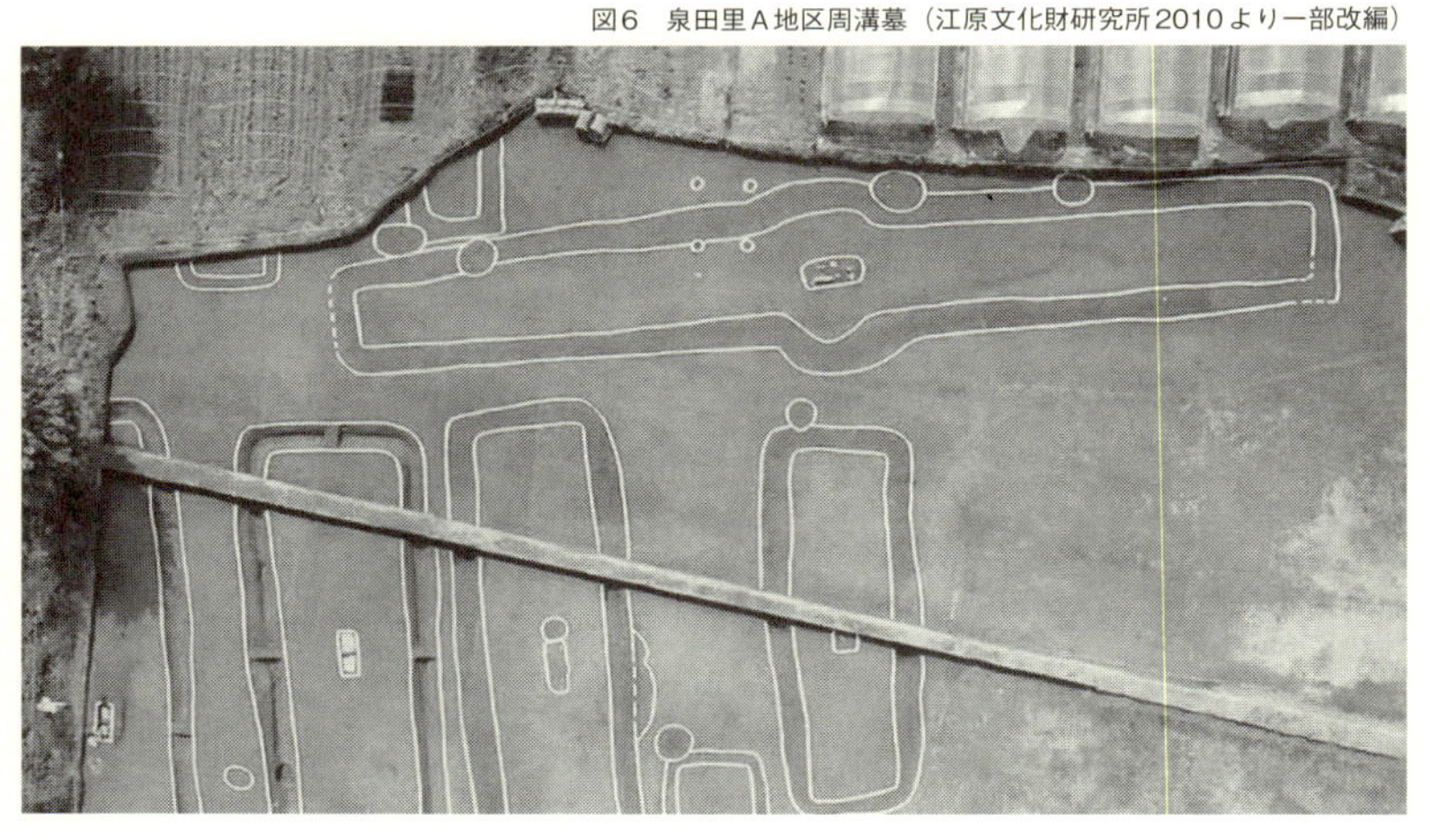

石が耕作などのために撤去された支石墓の埋葬施設と区別できないものも少なくない。副葬遺物は磨製石剣や磨製石鏃が主体で、琵琶形銅剣が副葬されている例もまれにある。発見数の多寡はともかく、基本的に支石墓と似た構成の副葬品である。松菊里遺跡の石棺墓は不定形の墳丘を持っている。

松菊里型墓制と呼ばれる大きな理由は、埋葬形態の特徴だけでなく、松菊里遺跡で発見された種々の文化要素に由来している。周辺の平地から20～30ｍほど小高い丘の上に墓と集落が広がり、丘陵裾の谷あいに水田が想定されている。本格的な水田経営をした遺跡として注目されており、最近は大型の柱列が見つかっている。住居の形で特徴的なものは円形の竪穴住居址中央の土壙を挟んで二つの柱穴を備えたものがある。松菊里型住居という。松菊里遺跡で出土する無文の土器も頚から上が緩やかに広がる独特の形をしていて松菊里式土器と呼ばれている。

この松菊里型土器と松菊里式住居は、日本列島各地の弥生初期の遺跡でも確認されている。松菊里墓制の影響という言葉の背景には、こうした松菊里文化の要素も込められている。

松菊里墓制の分布には、いくつかの特徴があることが指摘されている。分布の中心は今のところ忠清南道南部、錦江の下流域である。韓国四大河川の一つである錦江は、全羅北道と全羅南道の境界近くの馬耳山付近を最上流にして複雑に蛇行しながら北上する。いくつもの支流を流域下にのみ込みながら、大田広域市の北で大きく方向を変えて、南西方向に流れ下る。忠清南道の大半は南西に流れる錦江の河川域に含まれ、湖西地域とも呼ばれる一角を占めている。

孫俊鎬氏によると、この地域に分布するコインドルは約６００基とされる。これに対し、支石墓と松菊里墓制が約３３０基確認されている。

その比率の多少の議論は置くとして、氏によると支石墓と松菊里文化の共存関係はある程度認められるが、墓制上は支石墓と松菊里墓制は排他的な関係にあるという。支石墓群と一定の距離を置き、丘陵や山間地帯に多い支石墓と平地に近い低い丘陵部に位置する松菊里墓制分布との違いを意識しているに違いない。とはいえ、氏も認めているように松菊里墓制には支石墓文化の影響があり、支石墓地帯の中にも松菊里式住居がある。二つの文化は排他的とまではいえない様相がある。李亨源（イヒョンウォン）氏は集落や墓地の立地要素から、二つの集団の住み分けと見ている（李亨源／２００７年「京畿地域の青銅器時代墓制とコインドル」『アジア巨石文化とコインドル』）。

李秀鴻（イスホン）氏は松菊里墓制も「広義の支石墓」ととらえ、円形住居や無文の土器を含む松菊里遺跡の文化段階の成立を青銅器時代二期区分のうち後期の指標としている。そして水田稲作を基礎とした松菊里文化は広域的に拡散したと見ている。朝鮮半島南部の東沿いに南北に連なる太白山系を境にして、西側の松菊里文化圏とそれが及ばなかった東側の慶州や蔚山地域の検丹里文化圏を設定している（李秀鴻／２００７年「慶南地域の青銅器時代墓制とコインドル」『アジア巨石文化とコインドル』）。

蔚山検丹里遺跡は丘陵上に環濠を巡らせた遺跡で、松菊里式と異なる伝統的な土器文化を持つ。発掘された住居の数に比べ墓の数が極端に少ないことなどから、支石墓や松菊里墓制とは異なる埋葬形態を想定している。埋葬施設は前期からの伝統を引く地上式のため遺構が残りにくいという。洗骨葬なども視野に入れた想定である。

このほか、全羅南道など地域が限られるが甕棺墓も認められる。光州市新昌洞遺跡では支石墓の周辺で数基の甕棺墓が発見されている。甕の大きさから見て小児用か、成人用であれば洗骨葬であった可能性がある。

以上が朝鮮半島南部青銅器時代の墓制として扱われているものである。次章で触れるが、私は青銅器時代の終わり頃には、もう一つの墓制があった可能性も視野に入れておきたいと考えている。鏡を伴った墓である。韓国考古学会では、鏡が副葬される時期は初期鉄器時代以降で、支石墓の時代のあとに登場すると解釈されている。ただ、支石墓の終焉時期は未確定である。初期鉄器時代まで残るという主張もある（李亨源／2007年　前出）。新しい生業形態が始まる場合はともかく、朝鮮半島南部に鉄器が登場したからといってたちまちそれまでの生活様式や墓制が変わるわけではない。埋葬習俗は相応の期間受け継がれてきたと考えるのが自然であろう。時代呼称に束縛されずもう少し明確にいうと、支石墓や松菊里墓制と鏡を副葬する墓制が一定時間共存していた可能性を考えておきたい。

第二節　多鈕鏡の出現と推移

古代の鏡は基本的に丸い形をしている。考古学では姿を映す側を鏡面といい、その裏側を背面と呼んでいる。背面に文様が鋳だされていない鏡を素文鏡と呼ぶ。多くの鏡は背面に様々な文様があり、その文様や鈕（鏡の背面につけられた紐通しのツマミ）の形、鏡面の凹凸などを手がかりとして鏡の分類や変遷を研究している。手元の集計では、三国時代以前の朝鮮半島出土の鏡は中国東北部の遼寧省と吉林省地域の多鈕鏡（たちゅう）（鈕が二つ以上ある鏡）を含めて約770面である。そのうち約400面は、戦後、北朝鮮の体制下で出土したとされるもので詳細不明である。ある程度出土事情がわかっている約360面のうち、約110面は青銅器時代から初期鉄器時代に相当する多鈕鏡である。原三国時代の鏡は約180面、うち100面弱は平壌付近を中心とする楽浪地域で出土した漢の鏡である。これに対し、日本列島の前方後円墳時代におおむね相当する三国時代の鏡は、時期を特定できない祭祀遺跡出土品を含め50面弱である。

朝鮮半島の鏡の文化は多鈕鏡から始まる。背面に複数の鈕がつけられた鏡で、中国東北部の遼寧省・吉林省、その南の朝鮮半島と日本列島にだけ分布する。東アジアの中でも地域色の強い特殊な鏡である。これまでに確認されている多鈕鏡は石の鋳型（石笵）と日本列島出土例を含め120面ほどある。多鈕鏡の成立要因についてはいくつかの見解があるが、中国の殷の単鈕鏡文化の影響を受けて成立した（甲元眞之／2006年『東北アジアの青銅器文化と社会』同成社）というのが一般的な解釈である。

多鈕鏡は背面に直線や同心円状の突線で幾何学的な文様を描いているものが多い。その線の太さで文様線が太い粗文鏡と文様線が細い細文鏡に分けられている。また、背面文様による区分もある。稲妻を連想させるギザギザ模様の雷文鏡のほか、同様な星文鏡、太陽文鏡、葉脈文鏡などがある。一般的に文様が複雑な太

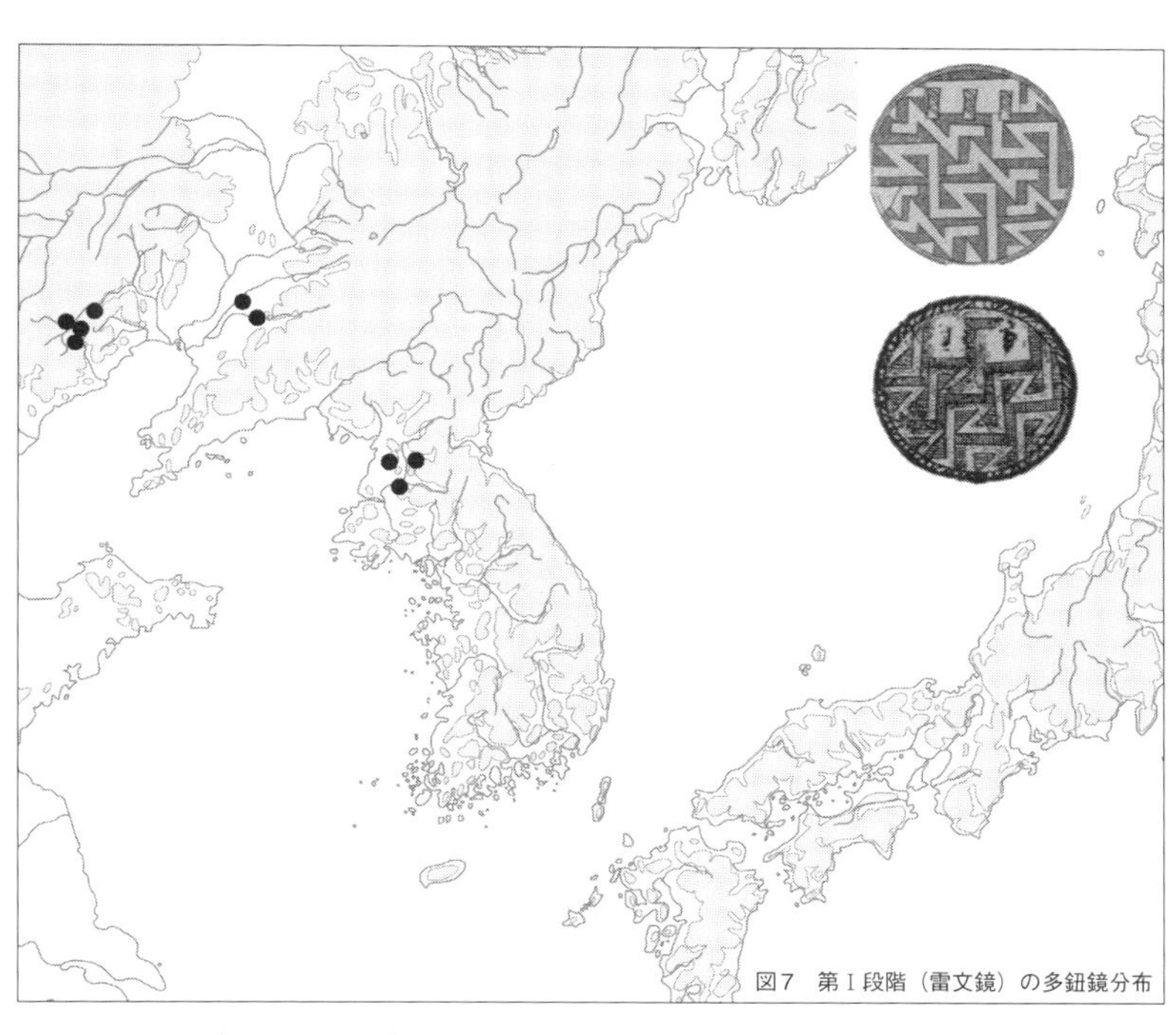
図7　第Ⅰ段階（雷文鏡）の多鈕鏡分布

陽文や星文鏡は細文鏡に多い。粗文鏡は石の鋳型（石笵）、細文鏡は土の鋳型（土笵）を用いたようで、多鈕鏡は粗文鏡から細文鏡に変化すると考えられている。ただし、鏡面の凹凸の推移や鈕の敷設位置、周縁部の形態、文様の系譜、鏡と一緒に出土した遺物（以下共伴遺物と表現する）の構成など多面的に論究した趙鎭先（チョジンソン）氏によると、地域によっては新しい時期まで粗文鏡が残るという（趙鎭先／２０１０年「多鈕鏡で見る東北アジア青銅器文化の発展」『青銅鏡と古代社会』）。

ここでは、多鈕鏡を第Ⅰ段階（粗文鏡）、第Ⅱ段階（粗細文鏡）と第Ⅲ段階（細文鏡）の三段階に分類した改定新版『韓国考古学概要』（前出）に従って、段階ごとに分布域の変化を見てみよう。

第Ⅰ段階にあたる多鈕鏡は中国の遼西地域を中心に分布し、伝平壌出土の2例を含めて9例ある（図7）。遼東や伝平壌出土例は、

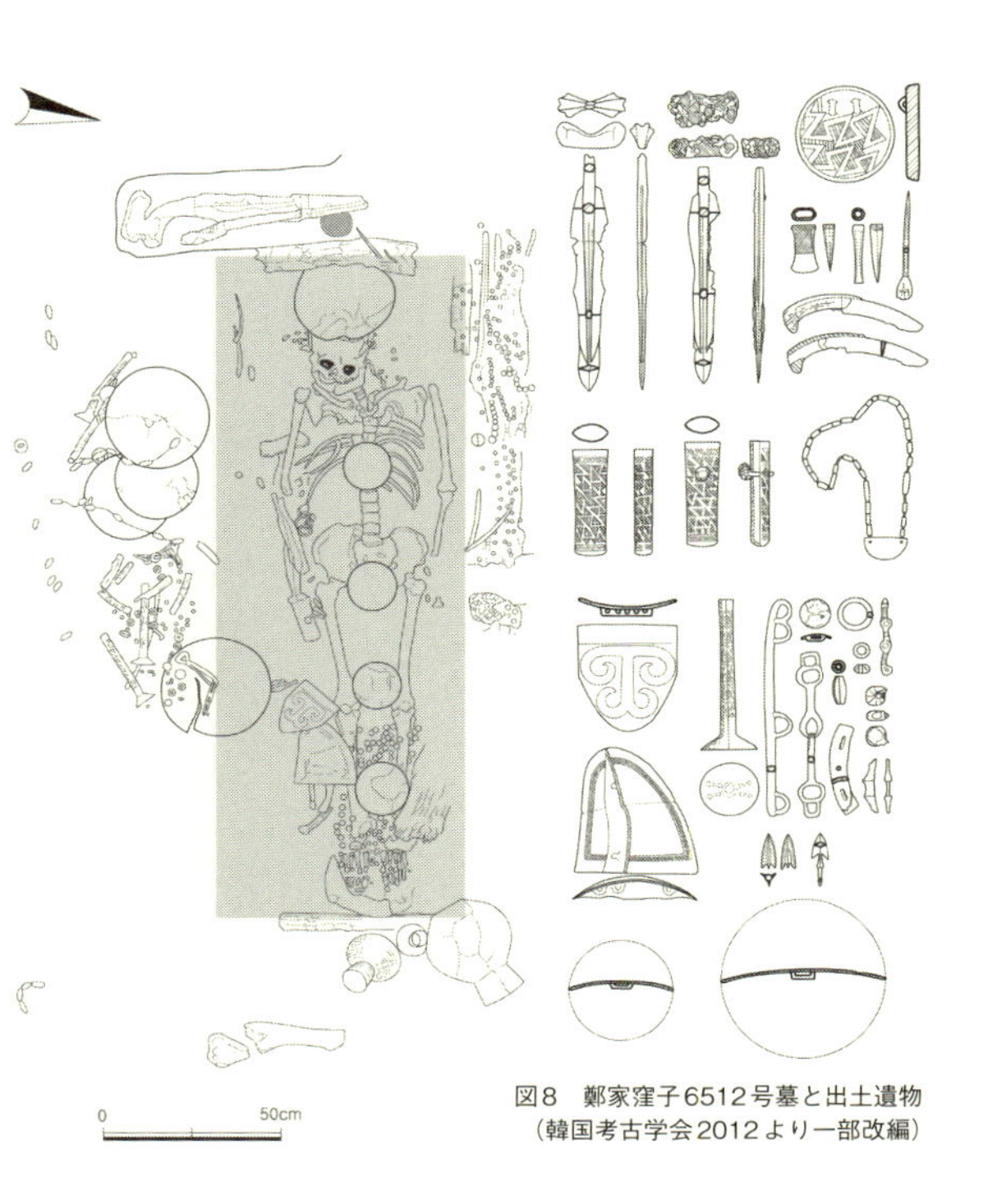

図8　鄭家窪子6512号墓と出土遺物
（韓国考古学会2012より一部改編）

遼西地域よりも新しいと考えられている。石槨墓、石棺墓、木槨墓、木棺墓の副葬品として発見されている。雷文鏡は趙鎮先氏の実年代観によると、紀元前九世紀から紀元前三世紀頃まで続くという。雷文鏡の中段階とされる多鈕鏡が出土した瀋陽鄭家窪子6512号墓（図8）は紀元前五世紀頃に位置付けられている。共伴遺物が豊富で木槨をともなう木棺墓である。棺内に人骨が残っており、大小の円蓋型銅器（鏡形飾あるいは鏡型銅器とも呼ばれる）5点が頭部から足首にかけて置かれていた。棺外からも4点の円蓋形銅器が出土している。多鈕鏡は頭側の棺外から出土している。

そのほか棺内外から琵琶形銅剣と把頭飾（剣の柄端に付ける飾り）、銅斧、銅鑿、ラッパ形の青銅器など精巧な装飾を持つ各種青銅製品、玉類などの装飾品、土器など多数の品々が出土している。銅剣と把頭飾、銅泡以外の多くの銅製品は儀器的な製品と考えられる。銅泡や円蓋形銅器はシャーマンが衣服に付けたといわれるもので、鏡と同様な僻邪の機能を持つという。その観点からいうと実利器を除く各種の青銅器もシャーマンの祈りの行為に用いられた祭器ということができる。

第Ⅱ段階では分布範囲が朝鮮半島南部にも広がる（図9）。石笵の5例分を除くと28例あり、多鈕鏡分布の南下傾向が認められる。遼東地域に3例、鴨緑江流域に4例、沿海州に1例、平壌一帯に3例、漢江最下流域と臨津江流域に2例あり、残りのうち14例は忠清南道から全羅北道の一帯に集中する。あと1例は全羅南道高興の小鹿島の祭祀遺構から出土している。埋葬施設は鴨緑江付近では石棺墓、忠清南道・全羅北道地域は木棺墓が多いようである。木棺を組み立てるために墓壙と木棺の間に石を詰めたものがあり、石槨あるいは石棺と記述される場合も少なくない。周りを石で囲っていることから圍石式木棺と呼ばれることもある。

石笵と祭祀遺構出土例を除く27例のうち、一つの埋葬で複数の鏡を副葬したのが9例ある。そのうち粗文鏡と細文鏡が共伴した

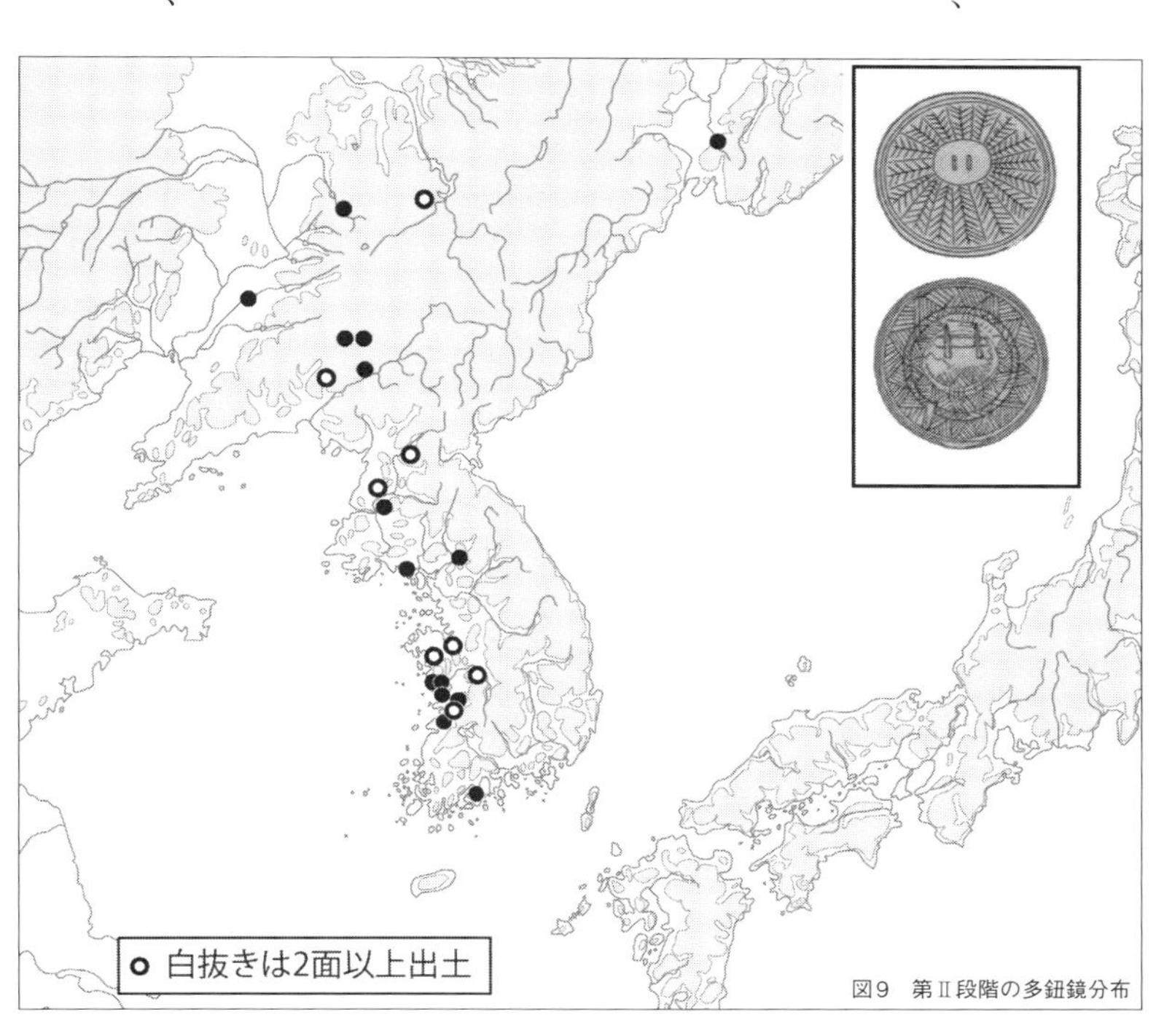

図9　第Ⅱ段階の多鈕鏡分布

のが2例ある。忠清南道禮山東西里遺跡では多鈕粗文鏡3面と多鈕細文鏡・無文鏡各1面の計5面出土しており、同扶餘郡九鳳里遺跡では多鈕粗文鏡と多鈕細文鏡が各1面共伴している。先に紹介した趙鎭先氏の指摘が正しいのか粗文鏡が伝世されたものかは別にして、第Ⅱ段階の多鈕鏡が細文鏡とともに用いられた時間帯があったことは確かである。その時期に少例であるが単鈕の鏡も共存していた事実も重要である。単鈕鏡は中国中原地域の鏡の文化の影響で作られたものと推定される。この地域には中原地域との交通を裏付けるものがある。全羅北道益山市の上林里で26点の中国式銅剣が一括出土している。どのような遺構から出土したのか不明であるが、特殊な埋納遺構であったと思われる。

多鈕鏡との共伴遺物は韓国式銅剣を伴う例が増え、円蓋形銅器やラッパ型銅器などの銅製儀器のほか勾玉や管玉、黒色磨研土器もある。大田市隗亭洞遺跡では小銅鐸も出土している。多くが工事中発見のため鏡の副葬位置の詳細はわからないが、忠清南道牙山市南城里の石棺墓では頭側と足側に1点ずつ置かれていた。

第Ⅲ段階の多鈕細文鏡は全羅南道伝霊岩の熔笵と出土地不詳の3例を除くと、手元資料では68面ある。その分布域はほぼ朝鮮半島と日本列島に限られる（図10）。朝鮮半島北部と沿海州で8面、江原道の山間部と東海岸で4面、忠清道と全羅道で38面、慶尚道と済州島で4面、日本列島で12面出土している。

このうち東海岸の釘岩里土城出土例と福岡県小郡市若山遺跡など日本列島の6面は墳墓副葬とは異なる用途で用いられた鏡である。分布範囲は前段階よりも広がり、従来多鈕鏡がなかった忠清北道でも２０１２年以降2例発見されている。しかし、基本的に多鈕細文鏡の文化が朝鮮半島南部西海岸の集団を中心に展開していることは明白である。その中でも全州から完州を中心とする全羅北道の一帯は最も濃密に分布し特殊な様相を示す。製作地はまだ不明であるが、細文鏡はおそらく朝鮮半島西南部の集団の中にあると見るのが自然であろう。宮里修氏は多鈕細文鏡をⅢ段階に区分し、その成立地と終焉の地を視野に入れて、最終段階の

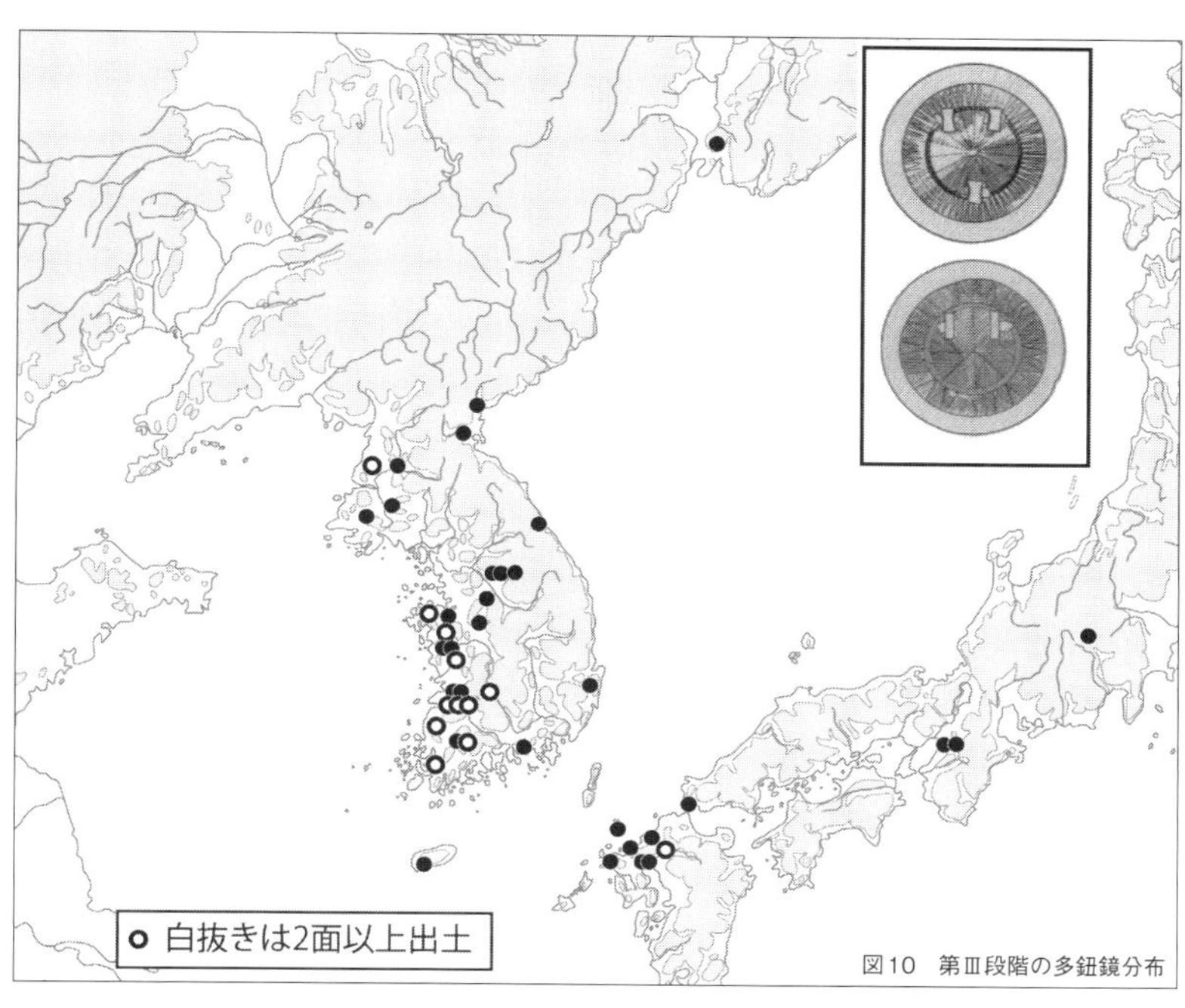

図10　第Ⅲ段階の多鈕鏡分布

細文鏡の製作地を朝鮮半島中西部と西南部の二カ所と推定している（宮里修／2010年「多鈕鏡の製作地」『青銅鏡と古代社会』）。

多鈕細文鏡が副葬された報告事例はすべて基本的に木棺墓である。全羅南道咸平草浦里木棺墓・同和順大谷里木棺墓のように木棺の周囲に人頭大の石を配したものもある。埋葬施設の全体的な変遷傾向から見ると、単純な木棺墓よりも木棺の外側や墓壙との隙間に石材を据えた施設がより古い可能性がある。そのことは副葬品の構成からもうかがうことができる。複数の多鈕鏡を副葬していた草浦里木棺墓、大谷里木棺墓の副葬品には円蓋形青銅器、細形銅剣と把頭飾、銅戈などの武器具類のほかに前段階と同様に多様な青銅器類を伴うが、鉄器は含まれていない（図11）。鈴を付けた異形製品や小銅鐸など音が出る銅製品も祈りや祭礼行為を彩った儀器であろう。青銅儀器類には繊細な模様が刻まれ、鈴付き

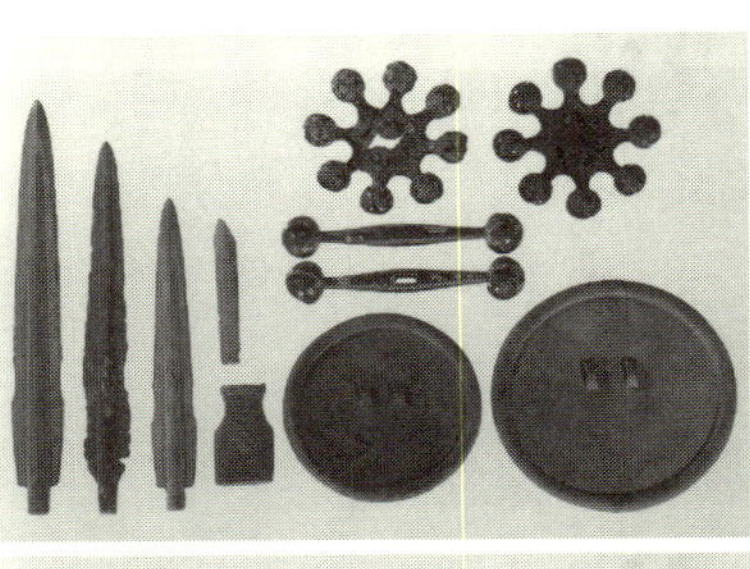

図11　多鈕細文鏡と青銅器（上：和順大谷里遺跡、下東西里遺跡＝中央博物館1992韓国の青銅器文化より）

の異形の青銅器は、高い鋳造技術があったこと示している。一方、全羅北道全州市一帯の木棺墓の副葬品には儀器類はほとんど見られず、鉄器を伴うものがある。

慶州市朝陽洞5号墓の多鈕鏡は背面の文様が著しく崩れており、仿製鏡（甲元／２００６前出）という見方もある。素環頭刀子や鉄矛の形態や周辺の墓の時期などから過渡期の墓の可能性もあるので、先に示した数字には含めていない。

全州市と完州郡にまたがる地域の多鈕鏡文化はこれまで紹介してきた遺跡とまったく異なる様相をみせている。この地域では万成洞遺跡・原長洞遺跡・新豊遺跡・徳洞遺跡・葛洞遺跡など多鈕細文鏡末期段階の遺跡が原長洞遺跡を中心に半径２km以内に集中している。この一帯は海抜40ｍほどのなだらかな丘陵と比較的広い平地が広がっている。墓はこの丘陵斜面に展開している。南西端の新豊遺跡カ地区を起点に各遺跡をたどると、東に新豊遺跡ナ地区、その北に徳洞遺跡、北東に原長洞遺跡、北西に葛洞遺跡がある。この間それぞれ６００〜７００ｍ間隔である。原長洞遺跡から北東に約２km離れて万成遺跡がある。万成遺跡の北西約６００ｍにⅡ段階の多鈕粗文鏡が出土した如意洞遺跡がある。Ⅱ段階の粗文鏡と細文鏡が共伴する事例があるので、あるいは如意洞遺跡も共存していたかもしれない。

個別の遺跡の概要を見ておこう。記述の都合上、この一帯の遺跡群を分布上の中心に位置する遺跡名から原長洞遺跡群と仮称する。

新豊遺跡カ地区では57基の墓が調査されており、そのうちの5基から多鈕鏡が出土している。これまでに調査された多くの事例から、等高線に直交して斜面に造られた墓は高い方に頭の位置があると推測されている。これを目安にすると、2号墓では胸付近の墓壙両端に鏡片が散らばって出土している。全体の四分の一ほどの量である。31号墓では足側の墓壙の角で割れた状態で出土している。復元しても本来の形にはほど遠い。35号墓では一枚の鏡が腹部付近の墓壙壁に立て掛けた状態で出土し、足元側で銅鑿と鉄器の痕跡があった。43号墓では足元よりの木棺壁に立て掛けた状態で出土し、55号墓では木棺内の足元側で鏡と青銅の環、土器が出土している。鏡以外で、銅剣や銅鑿、鈴付きの銅製品、鉄斧や刀子、各種の玉類を副葬している墓が11基ある。遺物を伴わない墓は15基で、土器を伴った例は41基にのぼり、足元を中心に副葬されている例が多い。このほか、この地区では2面の細文鏡片が表面採集されている。

新豊遺跡ナ地区では24基の墓が調査され、うち3基から多鈕鏡が出土している。1号墓では頭部の両脇から鏡が破砕された状態で出土している。もともと完全な形ではなかった鏡である。21号墓は七つの鏡片が木棺の上全体にまかれた状態で出土している。接合できる部位はなく、当初から割れた鏡の一部であったと考えられる。23号墓では棺内の腹部からやや足元よりの壁際で完全な形の細文鏡と銅剣および剣の柄端の飾りである把頭飾が出土し、棺外の足元側から銅戈、銅鉇(どうやりがんな)、土器などが出土している。

原長洞遺跡は新豊遺跡と少し様子が異なる。この地区では5基の墓が調査されている。1号墓は木棺の外側から銅剣が四本分(うち一つは銅剣の根元部分だけ)と銅戈1、銅斧1、剣把頭飾1が出土している。注目したいのは棺内の出土状態である。棺内から多鈕鏡2面、銅剣と把頭飾2対、玉類30点が出土している。二対の剣と把頭飾は切っ先を向け合って土壙の両側から出土し、鏡2面はそれぞれ一対の銅剣と把頭飾の上に置かれていた。玉類4点と26点が剣のそばから出土している。玉類の数に差があるが、鏡と剣と玉が2組になっている。2体差し向かいで一緒に埋葬された可能性が高い。ほかに2号墓で二つ折れの銅剣、3号墓で一対の銅剣と把頭飾、磨製石鏃二束10点、5号墓で二つ折れの銅剣が土器とともに出土している。青銅器は持たないものの、4号墓も土器が出土している。2〜5号墓の遺物はいずれも壁際から出土しており、棺外に副葬された可能性が高い。

このほかの事例を簡単に記すと、徳洞遺跡では直径30mの範囲内に集まる4基と少し離れて見つかった2基がある。群をなすうちの1基から鏡が出土している。銅剣、銅戈とともに鏡も砕かれた状態で木棺の上にまかれたと推定されている。残りのうち2基から銅戈や把頭飾、銅鉇などが出土している。また、この一群から100m余離れたG2地区の単独墓では、古い破砕された粗文鏡Ⅱ段階の鏡と二つに折られた細形銅剣片が木棺上に撒かれた状態で出土している。葛洞遺跡では17基の墓のうちの2基で多鈕鏡が出土している。いずれも床面よりやや上で出土している。ここでは1号墓で銅剣の鋳型一対が出土し、2号墓から腕輪にしては小さすぎるガラス環が出土している。このガラス環は中国南部地域に由来するものらしい。このほか6基から銅製品や鉄製品、玉類が出土している。土器などの遺物もなかった墓は3基である。

倭人社会の墓制と比較するうえで、注意しておきたいことがある。これまでに紹介した墓は支石墓を除いて地表に残される痕跡がほとんどないことである。発掘調査結果から見ると、副葬遺物の内容や量の多少の違いから、被葬者の階層的な上下関係は想定できる。しかし、有力者の墓であると予測できる痕跡は地表には残っていない。墓穴の大きさでも有力者の墓と判断できない。墓の中を相当発掘した後でないと被葬者の立場の判断がつかない。集団の上位層の墓なのか、金属器など威勢品（日本考古学では威信財と表現される）を持たない階層の墓なのか判断できないのである。

つまり、外見的にも墳墓群内に占める位置関係からも区別できないのに、墓の実態はまったく異なる。朝鮮半島南部では、地域によって外見より内実に重きをおいた墓の造り方が三国時代まで残る。

原長洞遺跡群一帯の多鈕鏡は銅の成分が影響したのか、あるいはこの地域の土質のせいなのか鏡の残り具合がよくない。新しい要素である鉄器を伴い、鏡を打ち割って木棺の上にばら撒く行為や、鏡の破片を棺内外に置くなど、それまでにみられなかった扱い方が見られる。咸平草浦里遺跡や和順大谷里遺跡にあった儀器的な鈴付銅製品もわずか一例だけで、鏡と共伴していない。多鈕細文鏡段階の中でも新しい段階の現象といえる。鏡の破片を用いた、言い換えると1面の鏡を分割して用いたということは、小分けにしてでも鏡に期待していた役割を担わせたということであろう。

それは鏡の入手が困難になった状況を暗示している。鏡を必要としない社会になったのか、あるいは鏡を作る原料が枯渇して鏡の生産ができなくなったのか。はたまた別の理由なのか、その要因を見出すには検討すべきことが多々ある。この地域ではこのあと数百年間、鏡の文化が途絶える。

原長洞遺跡群からほかに学ぶことがある。青銅祭器を持つ墓の密集度の意味である。韓国の初期鉄器時代で、600~700m単位で青銅の儀器を持つ複数の墓がわかっているのはいまのところこの地域だけである。山崎純男氏は韓国青銅器時代の慶尚南道晋州市玉房遺跡などの農耕集団の成立要件を分析して、一集団が占有する範囲を500m内外と想定している（まだ文章化されていないが、氏の鋭い着眼点である）。その関係がこの地域にも当てはまりそうである。氏が見据えた一集団は血縁を軸に構成されているとみてよかろう。そして半径2㎞以内に隣接しているこれらの集団は地形的な面から見て、地縁的な関係で結ばれた一つの集合体を形成していた可能性が高い。とすると、一つの血縁集団ごとに多鈕鏡を保有する（副葬される）個人がいたことになる。それはおよそ国家的な祭祀器物の扱いというイメージにそぐわない。

この多鈕鏡の集中に通じる現象は忠清南道論山院北里遺跡にもあり、ここでは3面出土している。また、細文鏡の型式分類では古く位置付けられているⅡ段階目の粗文鏡が出土している扶餘郡九鳳里遺跡と合松里遺跡も2㎞ほどの近い位置関係にある。

多鈕鏡の意義について、甲元眞之氏は祭祀を行なったとされる殷の婦好の墓で鏡が出土していることからシャーマンの道具と解釈し、その影響を受けて作られた多鈕鏡も「辟邪（へきじゃ）」の意味を引き継いでいるという（甲元／２００６年　前出）。その解釈のもとに、李陽洙（イヤンス）氏は遼東以南の多鈕鏡は古朝鮮的な国家的祭祀の道具と位置付けている（李陽洙／２０１０年『韓半島三韓・三国時代銅鏡に関する考古学的研究』釜山大学校学位論文）。さらに多鈕鏡と共伴する韓国式銅剣も実利器的側面を持ちながら祭祀の重要な道具と位置付けている。また、細文鏡段階の副葬事例から、鉄製工具類を伴う政治的首長と鈴など音の出る儀器や銅製工具類を伴う祭祀長の墓があるという。

興味深い指摘であるが、細文鏡段階の全体の変化を見ていると斧や鑿など鉄製工具と銅製工具関係は銅製から鉄製に交替する現象にも見える。また、原長洞遺跡群の実態からは鏡の有無を政治的首長墓や祭祀長墓の基準にすることには躊躇する。多様な青銅儀器がなくなり、鏡だけになったときから「辟邪」の道具として普及するようになったのではないか。鏡片にも「辟邪」の効果を期待し、あるいは鏡（片）を割ることである種の決別の意思を示したのかもしれない。ただ、破砕埋納や破片埋納は鏡だけでなく青銅利器でも行なわれていること、数量的にも限定的であることも配慮しておきたい。

朝鮮半島西南部で多鈕鏡が盛行していた時期に単鈕鏡も認められる。扶餘郡の西隣、保寧寛倉里遺跡の石槨型の施設を持つ周溝木棺墓から2面出土している。直径4㎝ほどの小型鏡である。背面に文様はなく、鏡の径に比べて鈕が大きい。伴出遺物には無文土器と管玉がある。松菊里型住居や支石墓もあり、多鈕鏡分布域圏内で単鈕鏡も用いられている事例である。

この多鈕鏡の推移は、次のような特徴がある。

第Ⅰ段階の多鈕鏡は琵琶形銅剣と共伴し、青銅武器のほかの円蓋型銅器ほか多様な青銅器と共存する。ただし、その事例は散在的ながら遼東・遼西地域を中心とする。その副葬状態の多様さから見て、鏡が被葬者の性格を象徴する副葬品の中心的存在とは断定できない。

第Ⅱ段階の多鈕鏡の分布域は南下傾向にあり、出土事例の約半数が忠清南道から全羅北道の朝鮮半島西南部域に集中する。共伴する青銅武器具類は韓国式銅剣と多彩な青銅儀器を伴う。多彩な青銅儀器と搬出する段階の鏡はシャーマンの道具の一つであろう。3面以上の鏡の複数副葬例はこの段階に始まるが、東西里遺跡例と九鳳里遺跡例は細文鏡が共伴する。粗文鏡を伝世品と見るか、Ⅱ段階粗文鏡と細文鏡が併存するのかはさておき、細文鏡段階の事例である。単鈕鏡そのものは粘土帯土器を伴う保寧寛倉里遺跡437号周溝木棺墓にあり、単鈕鏡の出現が細文鏡の段階にさかのぼることを示すものであろう。

第Ⅲ段階の多鈕鏡は、朝鮮半島出土例に限ればその約7割が全羅北道を中心とした地域に集中している。日本列島などの出土例を含めても6割近くを占める。細文鏡段階の鏡文化の中心がこの地域にあることはまず確かであろう。埋葬施設は木棺墓が主体となり、複数枚の副葬例や多様で韓国式銅剣のほかに精巧な青銅儀器を副葬する段階と鏡の単体副葬や鉄器を共伴する段階がある。この段階ではほかの青銅儀器はなくなり、原長洞遺跡群のように血縁集団単位で複数の鏡（片）を持ち、集団墓の中の複数の墓に副葬されている。鏡の破砕副葬や鏡片（破鏡）だけの副葬も認められる。破砕行為と破片埋納はほかの青銅器にも見られる。

第三節　多鈕鏡から単鈕鏡へ（初期鉄器時代から原三国時代）

原三国時代に属する鏡は一部三世紀後半に属する可能性があるものを含め、朝鮮半島南部で約90面、朝鮮半島北部で戦前に平壌を中心に出土したものが１００面弱ある。戦後に４００面ほど出土しているとのことであるが、詳細を把握できていない。

多鈕鏡から単鈕鏡に移るとき、朝鮮半島南部では劇的ともいえる変化が見られる。多鈕鏡を盛んに用いていた忠清南道や全羅南・北道では原三国時代以降、鏡を副葬する文化が途絶えた観がある。この地域では倭系古墳と呼ばれる墳墓が登場する五世紀中頃まで鏡の文化はほぼ空白状態になる。一方、多鈕鏡の文化がほとんどなかった慶尚南道の海岸部と慶尚北道の大邱盆地から慶州盆地で鏡の文化が始まる。鏡の分布地域が多鈕鏡の分布域と逆転している。

多鈕鏡と単鈕鏡に接点がないわけではない。朝鮮半島南部地域の単鈕鏡は、保寧寛倉里遺跡の二面の素文鏡が最も古い。多鈕鏡の文化圏の中に登場した単鈕鏡である。多鈕鏡製作に比べ技術的に拙劣である。まだ製作者集団を推定できる段階ではない。

この単鈕鏡文化が東南部地域の仿製鏡製作と直接結びついたのかどうか不明である。むしろ、前節で触れた朝陽洞5号墓出土の多鈕鏡のほうが関連しそうだ。仿製鏡という解釈もある無文の鏡で、鏡背面の縁への変換点の鈍さや不整形な縁の形など、土笵で作った細文鏡と歴然とした差がある。慶尚道を中心とする単鈕鏡の朝鮮鏡は鋳型こそ発見されていないが、石笵の可能性が高い。あくまで類推にすぎないが、朝陽洞5号墓の鏡はこの地域の鏡工人が多鈕鏡を模倣して作った可能性がある。

原三国時代の鏡には漢鏡とその仿製鏡、朝鮮半島南部三韓地域のオリジナリティが発揮された韓鏡、九州の倭人社会で造られた仿製鏡がある。ここでは煩雑さを避けて製作地をある程度特定できるものは地域名をつけて、中国鏡、朝鮮（韓）鏡、倭鏡と表現する。

初期の朝鮮鏡は直径５㎝前後、南海岸に多い後半期の朝鮮鏡は８㎝前後のものが多い。朝鮮鏡とされているもののなかには、倭鏡の可能性が高いものもある。この時期、倭鏡を製作したのは西北部九州の集団だけである（第二章第二節「弥生時代出土の鏡」参照）。原三国時代の朝鮮鏡はその初期から作られ、南部地域では漢鏡の数を上回っている。

朝鮮半島南部で単鈕鏡が主体となるのは、漢鏡が流入する段階からである。初期鉄器時代末ないし原三国時代の鏡は、詳細が明らかな朝鮮半島南部では貝塚や住居址、祭祀遺構から出土した7面を含めて90面余出土している。そのうち中国鏡は約40面、ほかの約50面は朝鮮鏡と一部北部九州産の倭鏡が含まれている可能性がある（図12）。

中国鏡40余面のうち８面は直径２㎝に満たない鏡片の再加工品である。再加工品1面だけの副葬は1例で、漢鏡副葬例の実態は22例（墓）である。朝鮮鏡の副葬も24例でほぼ拮抗している。埋葬施設は基本的に木棺墓である。

図12　韓・魏鏡と仿製鏡（福泉博物館2009より一部改編）

しばしば集団墓を形成し、鏡を持つ墓と持たない墓の差は外見上も立地的にも認められない。墳墓出土と目されるものは、全羅道出土3面のほかはすべて慶尚道地域に集中している。全羅道出土の3面は、全羅北道益山市平昌里遺跡の蟠螭文鏡（ばんちもんきょう）と全羅南道霊光水洞遺跡木棺墓出土の朝鮮鏡2面である。平昌里遺跡の蟠螭文鏡は墓出土と推定されており、前漢以前の鏡という。

この単鈕鏡の分布にはもう一つ特徴があり、特定の墳墓群に集中していることである。大邱市から東の慶山市にかけて4墳墓群で22面、永川魚隠洞例は墳墓群出土と限定できないものの、一つの遺跡で15面、慶州市域の二つの墳墓で9面、金海市良洞里の墳墓群で19面出土している。一つの墳墓または墳墓群で2面出土している5例10面を加えると、12遺跡で墳墓出土総数の90%弱を占めている。特定集団の寡占状態といってよいであろう。4面以上の副葬もあり、5墳墓群で33ないし36面、大邱市池山洞出土例6面も一つの墳墓遺構であれば6例42面、これに金海良洞里427号墓3面副葬を加えると7つの墓で全体の5割を超えている。

いくつかの埋葬例を見ておこう。

63基の墓が確認されている慶州市朝陽洞墳墓群では、多鈕鏡が出土した5号墓のほか、38号墓から前漢鏡5面が出土している。紀元前一世紀代と目されている。38号墓では木棺内の胸部付近から4面の前漢鏡が並べられたような状態で多数の鉄器とともに出土している。さらに、棺内の土を室内で精査した際に見つかった前漢鏡片の再加工品がある。共伴した副葬品は鋳造・鍛造鉄斧、鉇、鑿（のみ）、剣、刀子など鉄器各種、青銅把頭飾などがある。

慶山市林堂遺跡の墳墓群は三国時代まで続く墳墓群である。4基の墓から6面出土している。紀元前一世紀代と考えられているものが3基あり、直径1・3～1・6㎝の前漢鏡再加工品が5面出土している（図13）。いずれも頭部付近から出土しており、2面副葬が2基ある。残り1面は石槨墓出土の朝鮮鏡で腹部付近から出土している。ほかの3基よりも新しく、一世紀段階の墓と考えられている。同市新岱洞37号墓では直径1・7㎝の前漢鏡の再加工品が2面、頭部付近の出土である。このほか、一世紀から二世紀にかかる二つの墓で無文鏡と後漢鏡が1面ずつ出土している。後漢鏡は棺外頭部側で出土している。

金海空港周辺に広がる水田地帯は、かつて洛東江の河口部であった。空港の北に見える山際の貝塚群がそれを如実に物語る。金海良洞里墳墓群は、その西奥の丘陵上にある墳墓群である。現在までに調査確認されている墓は約５００基。およそ３００年にわたる大墳墓群が形成されている。

図13　加工された鏡（慶山市林堂遺跡
左：径1.5cm＝福泉博物館2009より一部改編）

一世紀後半と考えられている４２７号木棺墓では、良洞里式と呼ばれる銅剣とともに、良洞里式と呼ばれる3面の仿製鏡が胴部付近から横並びで出土している。良洞里式仿製鏡には倭鏡と考えられるものがある。共伴遺物に鉄鎌、鉄斧、鉄製タビ、多数の玉類がある。タビは先端が緩く曲がった土掘り具をいう。

二世紀前半と考えられている55号墓では、仿製鏡一面と銅製の剣柄と把頭飾、鉄剣、鉄矛、鉄鏃、鉄鎌、鉄斧などが土器とともに出土している。

二世紀後半と目されている１６２号木槨墓では、後漢鏡2面と7面の良洞里式と呼ばれている仿製鏡が出土している。そのうちの一部は倭製鏡の可能性が高い。

共伴遺物は豊富で、複数の鉄剣・鉄矛・鉄斧型鉄鋌（流通用の鉄素材）のほか、鉄刀、鉄鏃、鉄斧、鉄鎌、青銅環、轡、鉄鍑、土器類がある。鏡は頭部と胸付近に分かれて並べた状態で出土している。後漢鏡2面は胸部の鏡群に含まれる。

この墳墓群で、一世紀以降、鏡のほかに鍑(ふく)など中国北方系の金属容器や倭系の品が伴うのが特徴である。235号墓では多数の鉄斧型鉄鋌とともに銅鍑(図14)が副葬されていた。318号墓で鉄鍑、322号墓で銅鼎(三脚付の器)が出土している。ほかに318号墓で鉄鍑、鏡以外の倭系品は銅戈と銅矛で90号墓、200号墓、390号墓で出土している。

図14
銅鍑(大成洞47号墓=慶星大學校博物館2003『金海大成洞古墳群Ⅲ』より)

単独的あるいは単発的に鏡を副葬した事例も見ておこう。

昌原市茶戸里遺跡は、良洞里墳墓群の西の峠を越えた扇状地末端部に位置する。現在は内陸に位置しているが、かつては洛東江に接する水域に面していたらしい。現地で説明をしてもらって、鳥取県青谷上寺地遺跡を連想した。青谷上寺地遺跡では墓域こそ未発見であるが、港の遺跡にふさわしい大量の鉄器を始め様々な遺物が出土している。海の旅路の安全を占ったのであろう、卜骨も出土している。

茶戸里遺跡は紀元前から紀元後にかけて約300年にわたる墳墓群がある。これまで国立中央博物館による史跡整備調査と国立金海博物館による緊急調査(韓国では救済発掘という)が行なわれ、80基近い墓が調査されている。数基の甕棺墓のほかはすべて木棺墓である。

1988年、日本の研究者も大きな関心を寄せた発掘調査が行なわれた。地表下約2mのところから、長さ2・4m、幅0・85m、高さ0・65mの木棺がほぼ完全な形で発見された。クヌギの丸太材を縦に真二つに割って、丸木舟のように内側をえぐりこんだ木棺である。韓国語を直訳すると丸太木棺、日本考古学では割竹形木棺という。竹を縦に二つ割りにした形の木棺という意味である。水分が多く空気を遮断していたためであろう、漆や木製品、紐などの有機物も数多く残っていた。お皿の部分が四角い漆塗りの木製の高杯も出土している。

茶戸里遺跡1号墓は盗掘を受けていて、木棺内部は荒らされていた。幸いにも木製品や鉄製品のいくつかは盗掘の穴を埋め戻す際に捨て置かれていて、木棺の脇や下にあった遺物は残っていた。木棺の下に腰坑と呼ぶ副葬用の穴があり、副葬品を納めた編み籠状の箱が手つかずのまま発掘された。

この腰坑に副葬されていたものだけでも、前漢鏡1面と漆塗りの鞘に収まったままの銅剣、銅矛、漆塗り鞘に納められた鉄剣、木製剣把付鉄剣片、鉄矛、鋳造鉄斧、青銅のバックル、五銖銭、小銅鐸、穂先が残ったままの漆塗りの筆など38点にのぼる。このほか、弓や櫃状の木製品、縄紐やゴザ、柿やクリ、ハト麦などの食料、扇、ガラス玉など多様な遺物が数多く出土している。

棺内にどんなものが副葬されていたのか類推しがたいものの、２６０余点のガラス玉や10点の鉄斧、木製の蓋があるお盆、土器片が残されていた。木棺の上部に副葬されていたものが紛れ込んでいる可能性もある。ガラス玉と鉄斧は棺内に副葬されていた可能性が高い。腰坑内から出土した銅矛は西北部九州の倭人社会からもたらされたものである。ちなみに地点不詳ながら、この地区で西北部九州の弥生土器も出土している。

茶戸里遺跡群には1号墓に近い時期の墓が10基余ある。青銅器は少なく、鉄器の副葬が主となっている。なお、10次調査で、１１９号木棺墓から鉄剣、鉄鏃、馬具の轡（くつわ）、土器とともに漢鏡が1面出土している（国立金海博物館／２０１３年『昌原茶戸里遺跡　10次発掘調査報告書』）。この一群の中では1号墓が原三国時代を通して傑出した副葬品を持つ墓であることは確かである。

墳墓以外の住居跡や貝塚、祭祀遺構などから出土している鏡（片）は7例ある。そのうち、京畿道で出土状態がわからない一例と住居跡から出土した朝鮮鏡の1例、済州島の祭祀遺跡で2例出土している。残り3例は、いずれも破片で慶尚南道の海辺の遺跡から出土している。金海貝塚、固城トンイ洞貝塚、泗川市勒島住居址である。紀元前一世紀から後一世紀と考えられている。日本列島の時代観でいうと弥生時代中期末から後期前半に相当する。済州島の2例は祭祀遺構の出土なので、用途は限定できる。住居跡やゴミ捨て場である貝塚から出土したということは、鏡（片）が日常生活の場面で用いられたことを示唆している。お守りあるいは「僻邪」の用法と考えるのが自然であろう。

漢の郡県が置かれた時代の楽浪（平壌を中心とする）地域についても概観しておこう。

この地域で、ある程度詳細が明らかな鏡出土例は65例、約１００面ある。日帝侵略時代の資料が大半で、貞柏里、石巖里、貞梧洞古墳群出土資料がその８割を占める。北朝鮮体制になって以降、４００例ほどの鏡の追加資料があるという。その詳細は不明である。したがって、楽浪全体の様相を正確に推し量るには制約がある。現在の資料だけで見れば、木槨墓が約78％、磚室墓が約17％を占める。一つの墓で2～3面の鏡を伴っている例が29例あるが、その木槨墓あるいは磚室墓には2～3基の木棺が合葬されており、基本的に一人1面の鏡を副葬している。共伴遺物には、漆器や土器を始め、車馬具、武器、装身具、金属容器など多様な品々を副葬している。副葬品の大半は棺外に置かれている。鏡は棺外に置かれている例が多く、貞柏里13号墓では鏡用の木箱に納めた状態で出土している。大同江面甲墓、トジェリ乙墓では鉄鏡が副葬されていた。

この地域での鏡のあり方は、鏡は特別な「威信財」ではなく、おそらく日常的に使っていた化粧道具の一つとして副葬されたものである。少なくとも、漢王朝の権威品として被葬者の立場を誇示するために用いられたものという解釈は難しい。鏡を出土する墓の多くは漢の貴族層の墓と目され、漢の葬送習慣にのっとった副葬形態と考えられる。

朝鮮半島原三国時代の鏡文化の特徴をまとめておこう。

分布の面から見ると、初期鉄器時代と対称的に東南部の慶尚道にその中心が移り、特定の墳墓（群）に集中し一種の寡占状態になっている。原三国時代を大雑把に前後に分けると、前半期は慶州を中心とした慶尚北道に集中し、後半期は金海を中心とした慶尚南道に集中する。朝鮮鏡は漢鏡とともに早い段階から製作されている。初期鉄器時代以前から多鈕鏡を製作していた技術系譜をひいた可能性がある。

鏡の扱いで見ると、慶尚北道では棺内に添えられた例が多く、小さな再加工品も用いられている。多鈕鏡末期の用い方と似ている。「僻邪」的な使用法であったことがうかがえる。この地域に初期の朝鮮鏡が認められることも無関係ではなかろう。後半期の良洞里墳墓群でも同様な副葬が行なわれていることから、この時期も鏡に「僻邪」の効果を期待していたと思われる。漢鏡と朝鮮鏡が区別されて置かれた形跡はない。

その点、昌原市茶戸里1号墓の鏡は対称的である。近年、韓国では各地で広域的な発掘が行なわれ、この時期の墓の発掘例も急増しているが、多彩な副葬品を持つ事例は茶戸里1号墓だけである。茶戸里1号墓の漢鏡は、木棺の下の腰坑からほかの青銅器や鉄器、筆などと一緒に出土している。数ある副葬品の一つにすぎない。腰坑内の出土品は被葬者が日常的に所持していたと思われるものが多い。「威信財」というよりも豪奢な品々というほうが、より的確ではなかろうか。

盗掘を受けた木棺内に鏡があったのかどうか不明であるが、腰坑出土の漢鏡に「僻邪」の役割は期待されていないことは確かであろう。

李陽洙氏は原三国時代の漢鏡と多鈕鏡の系譜をひく朝鮮鏡について、漢鏡は政治的首長の威勢品、朝鮮鏡は伝統的な祭祀長の祭器と見ている（李陽洙　前出学位論文）。氏はこの時期、祭祀長は政治的首長の配下にあったという。興味深い指摘である。しかし、それぞれの鏡が用いられた時期と地域を見ると、鏡の用い

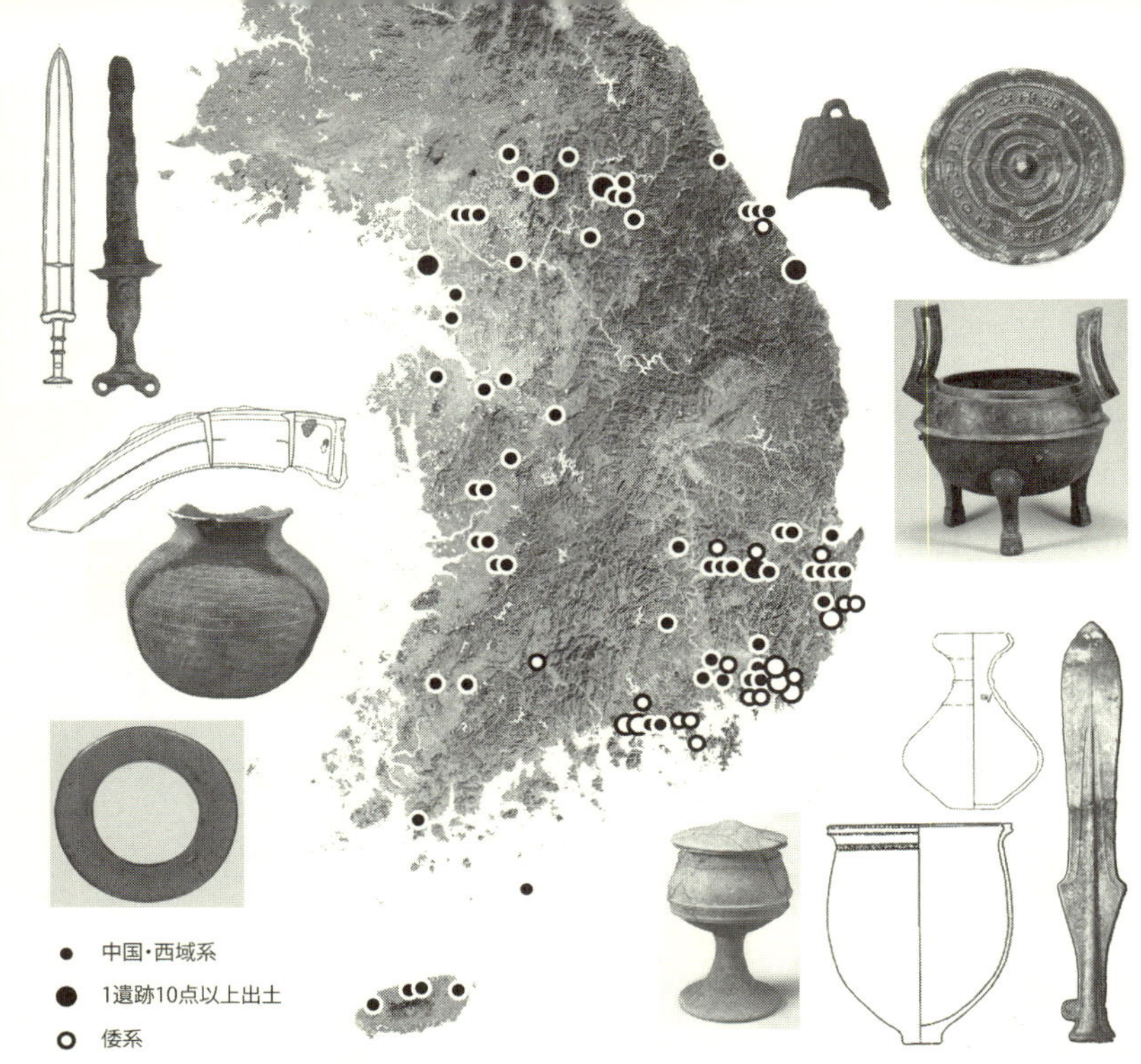

図15　韓国出土原三国時代以前の渡来系文物

方が甚だしく偏っていて普遍的でない。林堂墳墓群や新岱洞墳墓群の漢鏡の再加工品が政治的首長の威勢品とは考えがたい。共伴する副葬品も墳墓群内で突出した構成とはいえない。もう少し検討が必要であろう。

韓国考古学で用いられている「威勢品」は、日本考古学では「威信財」と表現されている。ほぼ同様な意味であるが、「威信財」という表現にはヤマト王権から下賜されたという権威品的なニュアンスが含まれている場合があり、こんなものまで「威信財」？と思うことがある。私には、所有者の羽振りを示すような意味合いも含まれる「威勢品」と呼ぶほうがしっくりくるので、以下、倭人社会の事例でも一般的には威勢品と表現する。

この時期、慶尚南道は西北部九州島

との関わりが非常に強い地域である。

２０１１年、韓国文化財研究機関協会がまとめた朝鮮半島南部出土の外来系遺物集成が刊行されている（韓国文化財研究機関協会／『韓国出土外来遺物』１・２）。一部初期鉄器時代以前を含む原三国時代から三国時代を対象にした２１００頁を超える大冊である。

これによると、原三国時代の倭系遺物分布の特徴が鮮明に映し出されている（図15）。原三国時代に属する（弥生中期末から庄内式並行期）までの倭系遺物は朝鮮半島東南部にほぼ限定され、なかでも金海地域と泗川市勒島に集中する。その倭系遺物は西北部九州の土器と銅矛に限られているといってよい。この時期の倭系遺物の出土数は約１２０例４００数十点。うち勒島では60例２２０点余が出土しており、金海・釜山地区で27例１５０点出土している。ほかに慶南地区の海浜部を中心に25例出土している。

勒島は泗川港の沖合３㎞にある周囲数㎞の小さな島である。至近距離だが潮流が激しい。この島を中継して、さらにその沖の島に橋を渡すための緊急発掘が行なわれた。路線全面に遺跡が広がっている。住居跡や何かの生活痕跡、貝塚から出土する主な土器は泗川地域の土器である。これに混じって西北部九州の土器や楽浪の土器も出土している。ほぼ九州系弥生土器だけが出土した住居跡もある。

倭人がこの島に常駐し、朝鮮半島との交通の拠点にしていたことは間違いない。勒島では卜骨が多数出土している。鹿の肩甲骨に火箸のようなものを押し付けて占いをした骨である。長崎県壱岐島原の辻遺跡や鳥取県青谷上寺地遺跡でも出土している。骨は酸性の土壌では残りにくい。どの遺跡でも見つかるわけではないが、海辺の遺跡でよく見つかっているところを見ると、卜骨は船出の日を占ったか、長旅の安全を祈願したに違いない。

金海の港もまた、勒島と同じように倭人にとって朝鮮半島との交通の重要な拠点である。甕棺の中に九州島の土器を副葬している墓がある。出土状態が不明ながら、銅矛も出土している。紀元前後の九州島の倭人たちは、この地を経由して漢や朝鮮島の文物を手に入れた。漢に至る（漢の文物を手に入れる）にはそれ以外の選択肢＝航路はなかった。朝鮮半島南部（その南の倭人社会）に分布する漢鏡は漢の郡治（統制）下にあった楽浪郡を経由して入手したと考えるのが自然であろう。

注意しておきたいことは楽浪まで入って来たものと朝鮮半島南部まで入って来たもの、九州島の倭人社会に入って来たものの差である。量の差は両地域の人々の価値観を反映している。

鏡文化の変質と威勢品（三国時代の鏡文化）

朝鮮半島の三国時代とは、高句麗・百済・新羅の三国鼎立時代をさす。

この三国の成立年代に関しては、文献史学や考古学の立場から諸説の解釈がある。さらに三国鼎立とは別に、少なくとも六世紀代までは朝鮮半島南部の加耶諸国のなかの一大勢力である大加耶国が高霊を拠点として独自の政治領域を維持していた。また、馬韓諸国の一つである羅州の勢力を始め栄山江流域の諸勢力は、漢城百済成立期以降も長い間独自の墳墓文化を形成している。一つの墳丘を拡張しながら３００年以上にわたって、埋葬施設を作り続けた羅州伏岩里古墳のような墳墓もある。

朝鮮半島南部地域における三国時代の鏡は50面弱である。分布範囲は点的ながら各地に広がっている。そのうち約10数面は祭祀跡や寺院址、建物跡から出土しており、地鎮具として用いられたと考えられるものもある。やや不確実なものを含め墳墓からの出土例は30余面である。原三国時代と比べると三分の一の出土量である。日本列島で前方後円墳時代に鏡が急増するのと対称的な現象である。

墳墓出土例の鏡のうち12面は倭鏡（李陽洙／２０１０年　前出、新井悟／２０１０年「韓半島南部出土古墳時代倭鏡」『青銅鏡と古代社会』福泉博物館）で、全羅南道高興半島にある雁洞古墳の位至三公鏡（龍文あるいは龍鳳を浮き彫りにした鏡で、最高の官職に就くことができるという意味の銘文を持つ）も倭から入手した鏡と考えられている（李陽洙／２０１０年　前出学位論文）。その視点を援用すれば、２０１２年に出土した高興半島の野幕古墳の位至三公鏡なども倭人社会からもたらされた可能性が高いと考えられる。位至三公鏡は三世紀代後半を中心に後漢末期から南北朝（六世紀）の時代まで続いたといわれている。日本列島では30点弱出土しており、その6割が九州島北部に集中する。この鏡の由来を暗示している。

慶尚北道では五世紀から六世紀にかけて10例10面出土している。つまり一枚の副葬である。慶山市林堂墳墓群で2例、慶州市内に5例あり、ほかに北部の尚州新興里古墳、大邱市石槨墓、新羅と対立していた高霊池山洞古墳群からも出土している。

多くが墳丘を伴い、埋葬施設は積石木槨墓あるいは石槨墓が多い。出土状態がわかるものでは遺体の頭部や胴部付近に副葬されたものと棺外に副葬されたものがある。基本的に朝鮮鏡または倭鏡ないし倭経由の鏡である。

慶州の王陵公園内にある皇南大塚・北墳は五世紀代の大型墳である。外見的には二つの墳丘が重なった双円墳の形をしている。新羅王の夫婦の墓と考えられている。二つ合わせた長さは約１２０ｍ、朝鮮半島南部では1、2位を争う大きさである。高さ約22ｍの墳丘の最下部近くに膨大な数の石で囲われた木槨が調査されている。南墳には遺体を納めた主槨と副葬品を納めた副槨があり、主槨の規模は長さ6・5ｍ、幅4・1ｍある。副槨の規模はやや小さい。南墳からは金冠や銀冠、金銅製冠7組、帯飾りを始め、環頭大刀、青銅鼎や青銅鐎斗と呼ばれる三脚がついた青銅器、西域由来のガラス瓶、南海産の夜光貝製品、腕飾りや耳飾り、ネックレスなど各種装飾品、食物残滓が確認された各種土器類など８０００点近い品々が出土している。玉類の総数は1万4000点を超える。さすが王墓という豪華さである。

鏡はそれらとは別に木槨を大小の礫で覆い尽くす過程で置かれたものである。木槨は人頭大の石で分厚く覆われていて、その途中の段階でも数々の遺物が出土している。鏡はそのなかの一つである。後漢または魏の系譜をひく方格規矩鏡(ほうかくきくきょう)である。夫人の墓と見られている北墳も調査されており、南墳よりもやや規模は小さいものの、二つの木槨を持ち南墳と同様多数の副葬品が出土している。ここでは棺外で鉄製の鏡が出土している。

同じく慶州金鈴塚は復元直径約45mの円墳である。新羅王族の墓と考えられている。金冠、冠帽を始め金製帯飾り、青銅鐎斗、ガラス坏など多数の遺物が出土している。鏡は棺内で出土している。この域内では飾履塚、瑞鳳塚、金冠塚など王陵級の墓がいくつか発掘されているが、そこでは鏡は出土していない。

慶尚南道では金海地域で大成洞23号墓を始め四世紀代に属する4例5面(伝良洞里出土を含める5例6面)と昌原三東洞18号甕棺墓・伝晋州・山清生草9号石槨墓など3例3面あり、昌原例を除くと六世紀代に属する。いずれも倭鏡である。大成洞2号墓では4㎝弱の小片が2面出土している。後漢または魏鏡の系譜をひく鏡片である。

金海市大成洞墳墓群は、海岸地帯の低い丘陵上に築かれた墳墓群である。原三国時代から五世紀にわたる墓が確認されており、90余基の墓が発掘されている。早くから耕作地になっていたためか、墳丘はその痕跡も含めて確認されていない。なかった可能性がある。大成洞墳墓群は四世紀代の墳墓群は金官加耶の王墓群と目されている。その中の一つ23号墓は四世紀代前半と考えられている木槨墓である。長さ6・3m、幅4・4mの大きな木槨墓で、少なくとも四人の殉葬者が確認されている。棺内中央で方格規矩鏡が出土している。巴形銅器2点、鉄鏃、曲刀、鉄鋌、高坏、ほかが副葬されていた。巴形銅器は盾の飾りと考えられており、佐賀県吉野ヶ里遺跡や福岡県須玖岡本遺跡群で弥生後期の鋳型が出土している。

中敬澈（シンキョンチョル）氏は大成洞墳墓群の被葬者像について、朝鮮半島北東部にいた扶余の支配者層が慕容鮮卑に追われて南下し、支配者集団として金海を拠点に金官加耶を起こした（申敬澈／2000年「調査所見」『金海大成洞古墳群Ⅰ』慶星大學校博物館）という。良洞里の墳墓群や大成洞の墳墓群から出土品に銅鍑や甲冑、帯飾りなど北方起源の遺品が含まれていることが根拠となっている。この地域に特徴的に見られる遺物をもとにした仮説である。

釜山市域から金海地域の墳墓群からは倭系の遺物も少なからず出土している。鏃型のメノウ製模造品や楯の飾りと考えられている巴形銅器である。13号墓では巴形銅器6点と鏃型石製品15点が出土しており、2012年に大成洞博物館が行なった調査でも88号墓で発見されている。88号墓では墓の埋土の上層から銅矛も出土している。西北部九州の弥生後期の銅矛である。墳墓の時期とは、200年近い隔たりがあるが意図的に置かれていたと見られることから、墓を造るとき古い墓か埋納坑を壊したため、この墓の埋め土の中に置き直したのかもしれない。

筒形銅器もこの地域の特徴的な出土品である。韓国の学会でも日本の学会でも製作地をめぐって議論されており、決着はついていない。

槍の根元に装着したと考えられており、透かし穴の付いた筒の中に小さな短冊形の舌を垂らした銅製品である。舌は筒の中で揺れて風鈴のように音がなる仕掛けである。瀬戸内から畿内にも出土例がある。金海から釜山地域の墳墓群に集中している。一墳墓群での出土数では大成洞墳墓群は突出しており、1号墓ではまとまって8点出土している。

鏡の文化にもどろう。慶尚道以外では、三国時代の鏡は全羅道地域で7例9面、忠清南道地域で5例6面出土している。いずれも五～六世紀代の出土例である。初期鉄器時代を最後に鏡の副葬習慣が途絶えた地域であるが、この時期になって再び鏡の副葬が行なわれている。全羅南道の出土例には倭系古墳と呼ばれているものに多いことが注目される。

複数副葬例は夫婦合葬した磚室墓の公州武寧王陵の3面、潭陽齋月里古墳の2面、高興野幕古墳の2面がある。全羅道では石槨墓ないし石室墓が卓越し、忠清南道では武寧王陵以外は木槨墓または木棺墓である。五世紀代に属する雁洞古墳、野幕古墳は竪穴式石槨である。

公州市武寧王陵は墳丘を持つ宋山里墳墓群の中の一つで、1971年に未盗掘の状態で発見された磚室墓である。長方形の磚の露出面には蓮文が浮き彫りされている。『日本書紀』にも記載がある「斯麻王」の名を刻んだ墓誌が出土し、武寧王陵と呼ばれている。3年後に亡くなった王妃も合葬され、王妃の墓誌も残されている。墓誌に没年と埋葬した年が明記されているため、副葬品が納められたときの年代が525年・529年に特定できる。

玄室（遺体を納めた部屋）と羨道（石室入口部の通路）の境付近に石で造った猪と思われる鎮墓獣が置かれ、羨道から玄室に向かって左側に王の木棺、右側に王妃の木棺が並べられている。羨道と玄室の壁には明り取り用の燈明皿を置く刳りこみ（「龕」という）が要所に設けられ、燈明皿には実際に使用した炭化痕が残っている。二つの木棺材は日本列島から運ばれたコウヤマキである。棺内には、木棺の崩壊によって若干位置がずれているものの、枕、冠、耳飾り、ネックレス、腕輪、帯飾り一式と刀、足置き、飾履のセットなど4800点にのぼる副葬品が、ほぼ埋葬時の状態で発見された。鏡は王の棺内の頭側と足側から1面ずつ、王妃の頭側から1面出土している。南朝から入手した鏡とされている。そのほか、多様な副葬品があり、青銅熨斗と燈明皿6点を含む陶磁器類が9点出土している。

支石墓の大群集があった全羅南道の高興半島の東西の沿岸部で、２基の倭系古墳と呼ばれる五世紀の墓が発掘されている。東側の雁洞古墳は直径約35ｍ高さ６ｍの円墳で、中央に竪穴式石槨を持つ。石槨内部から倭製の甲冑や百済製の冠帽が出土している。頭部付近から位至三公鏡が出土している。西側の野幕古墳は直径24ｍ高さ約４ｍの円墳である。墳丘斜面に散漫に石を張り付け、前方後円墳時代の貧弱な葺石を連想させる。埋葬施設は高さが低い竪穴式石槨で、石槨の周囲に敷石を配している。調査担当者は福岡県七夕古墳の石槨との類似性に注目している。石槨内頭部付近で位至三公鏡と勾玉、体部脇で刀、足元で倭製の甲冑が出土している。さらにこの冑の中にも倭鏡が１面納められていた。全羅南道出土の残り６面のうち４面は倭鏡と考えられている。

このほか、祭祀遺跡や建物址から出土した鏡は、出土遺構の詳細や時期が不確定なもの、統一新羅時代に含まれる可能性があるものを含めて約40面ある。祭祀遺構の出土例はソウル市風納土城の土製無文鏡１面と全羅北道扶安の竹幕洞遺跡出土の石鏡２面、鉄鏡１面、銅鏡３面である。竹幕洞遺跡は西海岸の黄海に突き出した辺山半島の先端近くにある。長期間にわたって祭祀が行なわれ、倭系の各種石製模造品や土器なども出土している。その立地から見て長い航海の安全を祈願した祭祀遺跡と見てよい。実用性がない土製や石製の鏡は、まさに仮の道具として形だけの利用法である。そこに五世紀代の倭系遺物も含まれていることに注目しておきたい。

寺院や公共の建物に関わって出土する鏡の大半は、三国時代末期以降に属する。慶州皇龍寺では寺のシンボルである塔の心礎から出土している。塔を支える中心柱の下に納められていた鏡は、地鎮具と考えられている。慶州仏国寺釈迦塔出土鏡は舎利荘厳具の一つの品である。全羅北道益山の弥勒寺石塔心礎部から出土した舎利荘厳具の品々のなかに鏡はない。この鏡の使用形態は祈願の品の一つであっても、欠かしてはならない一品ではなかったといえる。

原三国時代と比較してこの時期の特徴をまとめると次のようになる。

鏡の分布範囲はそれまでに比べると広範に広がっているように見えるが、四世紀代の出土例が金海地域に集中しているほかは全体的には点的分布である。五～六世紀の事例で見ると、慶州や慶山林堂地区では複数の墳墓から出土しているものの、そのほかの地域は単独で築かれている墳墓や複数の墳墓群の中の1基だけから出土している。

基本的に一人1面の副葬である。多量副葬の習慣がなくなったといえる。少なくとも、三国時代の加耶・慶州地域に見られた多量副葬や破鏡の副葬などの習慣は途絶えたといえよう。皇南大塚では地鎮具的側面も垣間見え、鏡に特別な権威性があったようには思えない。

鏡を副葬する習慣が途絶えていた百済・馬韓地域や鏡の文化がなかった大加耶地域とその西の山間部で、新たに鏡の副葬が行なわれている。ある意味では鏡文化の新しい拡散である。これら地域の鏡文化は倭人社会の影響下で始まった可能性も視野に入れておきたい。

鏡とほかの副葬品の関係を見ておくと、多鈕鏡最盛期までは、鏡以外に鏡と似た機能を持つ円蓋型青銅器を始め多彩な青銅祭器と銅剣や銅矛などの武器類、銅鑿や銅鉇などの工具類、玉類、土器が副葬された。青銅祭器の種類には鈴が付いた銅製品や銅鐸など音を出す青銅器もある。初期鉄器時代の終わり頃には、多くの祭器が姿を消す。鏡（鏡片）だけの副葬もある。工具や武器類は青銅から鉄製品に代わる。小銅鐸は原三国時代前半期まで継承される。

原三国時代は武器類と工具類、玉類、土器は素材や種類は異なるが継承される。銅製から鉄製に置き換わるものが多い。工具や武器、土器の種類も多くなる。原三国時代前半期の慶州や後半期が主体の金海地域で

図16　韓国出土4世紀の渡来系文物

は鏡の多数副葬が認められる。再加工品を副葬していることも、鏡に対して「僻邪」など呪術的性格を期待していたことがうかがえる。一方、昌原茶戸里遺跡の副葬例は数多くの威勢品の中の一つにすぎないことをうかがわせる。

三国時代も武器類と工具類、玉類、土器は素材や種類は異なるが継承される。金銀製の器やガラス容器、中国製陶磁器、金銀製の装飾品類、金銅製冠帽や金銅製の飾履など公の席などで身に付けたであろう煌びやかな品々が副葬されている。

冠帽は百済と新羅、加耶でそれぞれ形が異なり、飾履も百済と新羅では作り方が異なっている。百済の冠帽は、材質やそれに付ける飾りの形などから所有者が属する階層も検討されている（李漢祥／2011　前出）。鏡はその

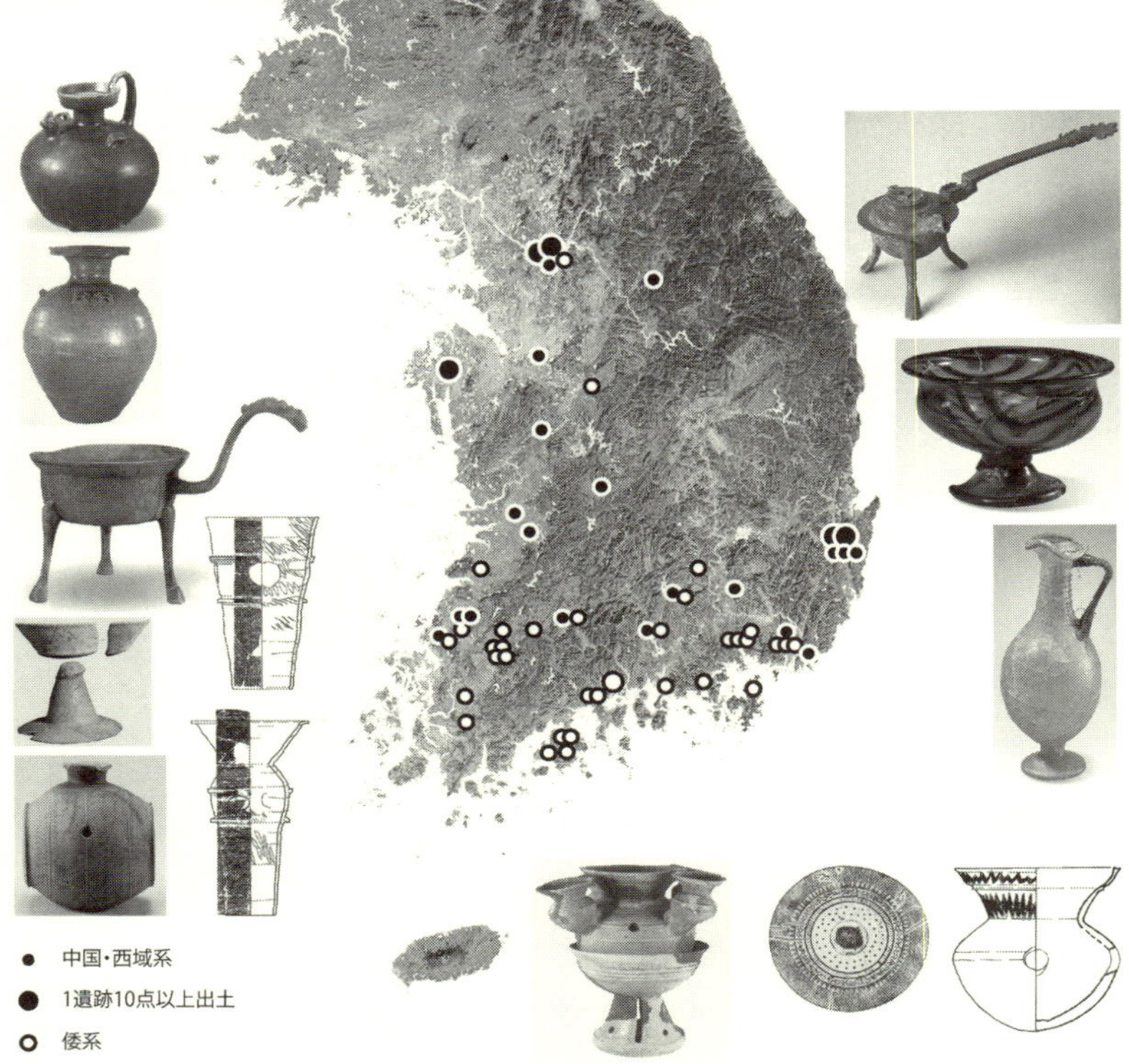

図17　韓国出土５世紀の渡来系文物

存在感が薄く、冠帽や飾履などを副葬し被葬者が上位階層であることを示す墓でも鏡がない。鏡には不可欠の威勢品という付加価値はなかったことを意味する。それでも、皇南大塚南墳や寺院の地鎮具の用い方を見ると、「辟邪」の道具として用いる観念は残っていたものと考えられる。

視点を変え、韓半島出土渡来系文物の推移をとおして、原三国時代との違いの背景を見よう。

２世紀までの様子は前節に示した。金海と泗川に集中していた。四世紀(図16)には泗川地域で倭系文物が激減するものの、金海を中心に東南部に集中している。九州島東北部を含む西部瀬戸内系や山陰系の土師器も加わり、腕輪型を含む石製模造品が、大成洞古墳群や釜山市福泉洞古墳群、慶州市月城

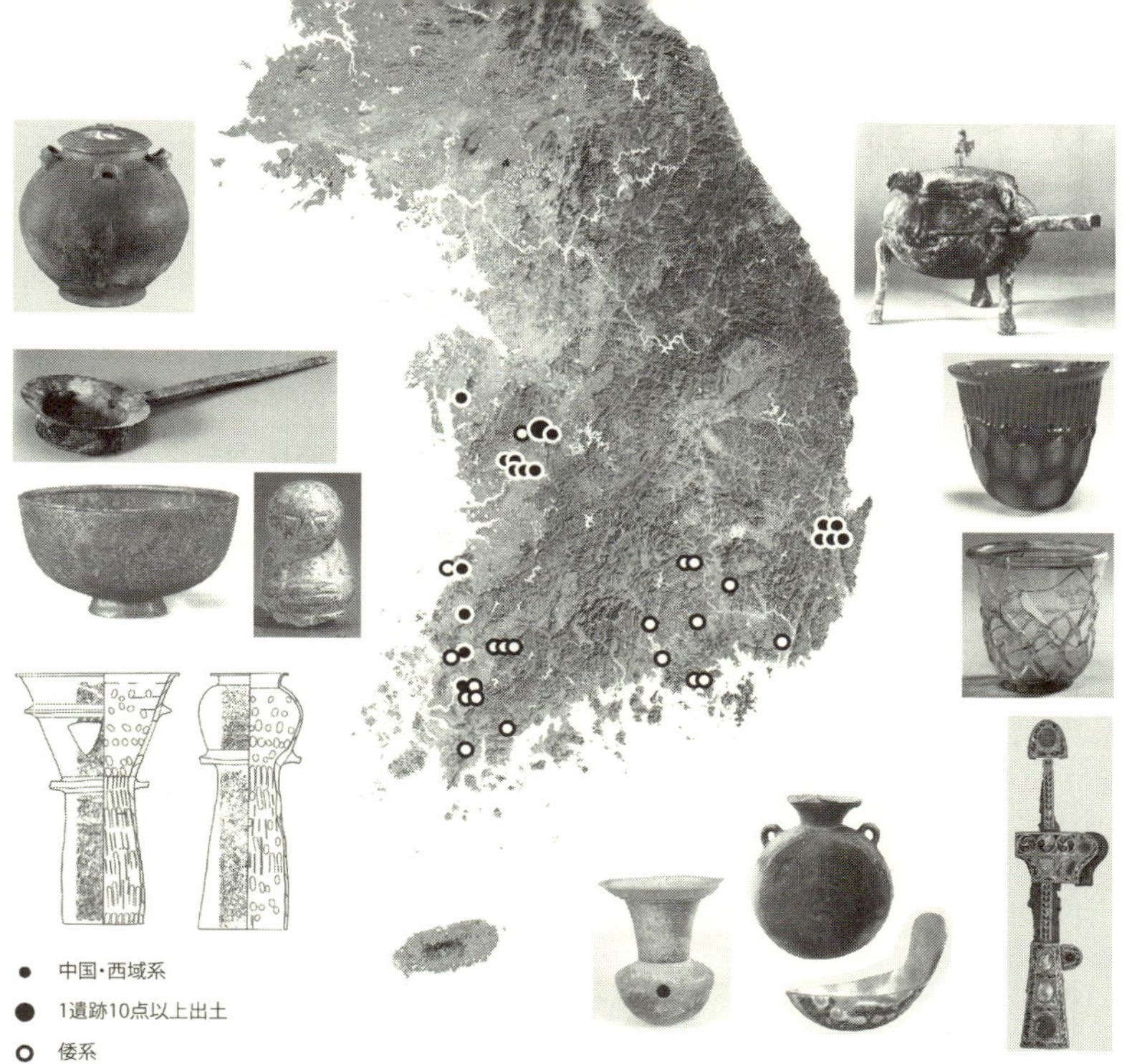

図18　韓国出土６世紀の渡来系文物

路古墳群から出土している。慶州地域では西域系のガラス容器、金海地域では東北系の銅鍑や冑が分布し、西海岸では漢城期百済を中心に青銅容器や青磁など中国系の文物が分布する。

五世紀（図17）は、倭系文物を中心に四世紀と一転した分布様相を示す。

倭系文物の分布が南海岸に広く拡散し、分布の中心が西に移り始める。南海岸で出土する土師器は、非畿内的要素が多々認められる。

六世紀は五世紀とほぼ同様の分布を示すが、高句麗の南下によって漢城が陥落し、百済主勢力も南下する。

五世紀後半から六世紀前葉を中心に、南海岸部地域にいわゆる倭系古墳が多数認められる。倭系古墳横穴式石室は、第四章で触れるように、この時期畿内の文化ではなく九州勢力独特の文化である。この地域に見られる倭系文物も、畿内に特定できないものであることに注意を払っておきたい。

三国時代の韓半島の威勢品の主役を占めたと考えられるものに、中国製や西域製など外来系の器物がある。青銅容器と陶磁器、ガラス容器などである。三世紀代後半頃から見られ始め、四世紀以降顕著になり、五～六世紀まで引き継がれる。

百済と新羅の王族クラスの目線の違いもある。百済では、陶磁器と鐎斗（しょうと）と呼ばれる青銅容器や熨斗が有力者層の墓で出土する。五世紀の終わり頃には、全羅南道との境にある高敞鳳徳里1号墓4号石室で飾履と倭人社会にもある子持ちとともに青磁が出土している。この時期の中国製青磁は倭人社会にはない。西海岸の磁器に対し、新羅の地域では青銅鐎斗や青銅の壷と西域製のガラス容器が出土する。陶磁器は基本的にない。大加耶では青銅鐎斗とガラス容器が出土しているが、陶磁器は確認されていない。

百済と新羅の差は乱立気味の中国王朝に対する目線の違いと独自性を反映しているといえる。

ちなみに青銅の熨斗（のし）とガラス器は奈良県新沢千塚１２６号墳で、熨斗と金箔ガラスが大阪府高井田山古墳で出土している。いずれも渡来系氏族の墓と考えられているもので、新羅を経由して日本列島にもたらされたものであろう。畿内の人たちの目線は、百済や馬韓などの西海岸よりも、四世紀以来新羅の方に向いていたらしい。

第二章　倭人社会の鏡文化

第一節　弥生墓制の始まり

弥生時代の始まりは、水田稲作の始まりと同じ意味合いで扱われていると考えてよい。誤解されがちなのでいますこし詳しくいうと、縄文時代を狩猟社会、弥生時代を農耕社会と規定するのは正しくない。農耕は縄文時代にすでに行なわれている。九州地方では縄文時代後期頃から初期農耕の痕跡が確認されており、縄文晩期頃には焼畑などが広く行なわれていることを山崎純男氏が緻密な研究で明らかにしている（山崎純男／２００７年『九州縄文社会の研究』熊本大学学位論文）。日本列島の水田稲作はその縄文農耕文化を基盤にして始まったと考えられる。

最初に水田稲作の文化を受け入れた地域は列島のなかでもごく限られた地域で、福岡県と佐賀県の一部だけである。かつては縄文晩期突帯文土器と呼ばれた段階である。その時期を弥生早期と呼んでいる。言い換えると、弥生早期の水田稲作の文化は、この地域にしかないということになる。

この地で時間をかけて新しい土器文化が成立し、これを弥生土器と呼ぶ。そのため、水田稲作の始まりと弥生土器との関係は一致しない。

ＡＭＳ年代測定の較正年代によると、瀬戸内や畿内地域で水田稲作が始まる時期は、西北部九州よりも２００～３００年ほど遅いという。実際の時間差はともかく、相対的に西北部九州より山陰や瀬戸内地域のほうが遅く始まると見てよいであろう。北部九州の中でも水田稲作の始まる時期に時間差があると考えなければならない。

西北部九州で熟成された土器文化を含む水田稲作の情報は、隣接地や本州島の西端部や四国西部、山陰、瀬戸内の一部地域に伝わり、それぞれさらに変容しながら東に波及していった。その期間は決して短くないうえに、西北部九州と瀬戸内や畿内地域は、次第にかけ離れた文化内容を形成するようになる。

文化内容の違いが端的に現れたものの一つは、縄文時代とは異なる新しい墓制である。単に埋葬施設の形態を石棺墓、甕棺墓、土壙墓という分類用語で表現すれば、それらは縄文社会の中にもあった。溝や石などで墓域を区画した墓もある。関東以北で見られる環状列石や東北・北海道地域に見られる環状土籬と呼ばれる墓はその典型で、関東地方以東の縄文文化の所産である。西日本でも大阪府日下遺跡や向出遺跡で墓壙が円形に巡る墓域がある。これはいくつかの墓が円形に連なっているもので、溝などを円形に巡らせた周溝墓とはまったく異なる。弥生時代の区画墓との直接的な関係は認められない。水田稲作が始まる頃に西北部九州では、それ以前の九州島にはなかった木棺墓や石棺墓、支石墓が登場する。山陰には九州島よりも遅れて木棺の上を石で覆った標石墓や石棺墓が登場し、瀬戸内地域には周溝墓が現れる。

これら弥生時代の新しい埋葬形態の多くは、水田稲作文化の流入とともに朝鮮半島から伝わり、地域ごとに変容したものと考えられる。

朝鮮半島起源を疑う余地のない支石墓については、地表に出ている形態的な特徴やその下に設けられた埋葬施設、副葬と供献遺物、出土人骨など多角的な検討が進められている。

支石墓と相前後して現れる石棺や木棺についても、その由来について様々な主張がなされている。例えば、支石墓で出土した人骨の形質学的様相や抜歯の風習が縄文人と一致することや、埋葬施設が朝鮮半島の支石墓と異なることなどから、列島の支石墓は朝鮮半島支石墓文化の影響を受けつつ、列島の在地人によって独自に築かれたという解釈がある。

一方、朝鮮半島からの伝播を考える立場にも、縄文時代以来の漁労文化との交流によって受容されたという解釈と、さらに踏み込んで、朝鮮半島南部地域と交流関係を結んだ漁労集団が新しい墓制を受け入れたという解釈もある。

支石墓の下部構造についても長崎県地方の石棺が古く、それをもとに糸島地域の木棺や土壙に変化したという解釈と、逆に土壙から石棺に変化したという解釈のほか、数次にわたる朝鮮半島からの伝播によって成立したという見解もある。

いずれの説も相応の根拠に基づいた見解であり、二者択一的には賛否を選びがたい。そのことは、西北部九州のみならず列島西部の水田稲作開始期の様相が一言で表現できるほど単純ではないことを示している。

これらの見解では、伝播、交流、受容と独自性という表現が用いられている。その言葉の奥に移住者の人数の多少を想定している配慮はうかがえるものの、かえって「伝播」や「交流」「受容」の実態を曖昧にしているように思われる。

その点では、朝鮮半島東南部から北部九州沿岸部への長期間にわたる移住を主張した安在晧氏（安在晧／2009年「松菊里文化成立期の嶺南社会と弥生文化」『弥生時代の考古学』同成社）、支石墓の局地的な分布などから複数地域からの渡来と在地集団との軋轢＝抗争を想定した山崎純男氏の指摘（2013年春、ある雑誌の校正原稿を読ませていただいた。雑誌は未刊）は示唆的といえる。両氏は単なる文化現象の伝播ではなく、集団的移住を契機として水田稲作が始まったことを想定している。まずは西北部九州および山陰、瀬戸内の弥生時代初期の墳墓の実態を見ることにしよう。

西北部九州における弥生初期の墓制

水田稲作が始まった弥生早期の文化段階は西北部九州の一部だけに適応される。北部九州のなかでもその時期の墓制は大きく3つに分かれる。支石墓と木棺墓および石棺墓である（図19）。支石墓自体もまたそれ

図19　九州島の支石墓と多鈕鏡分布図

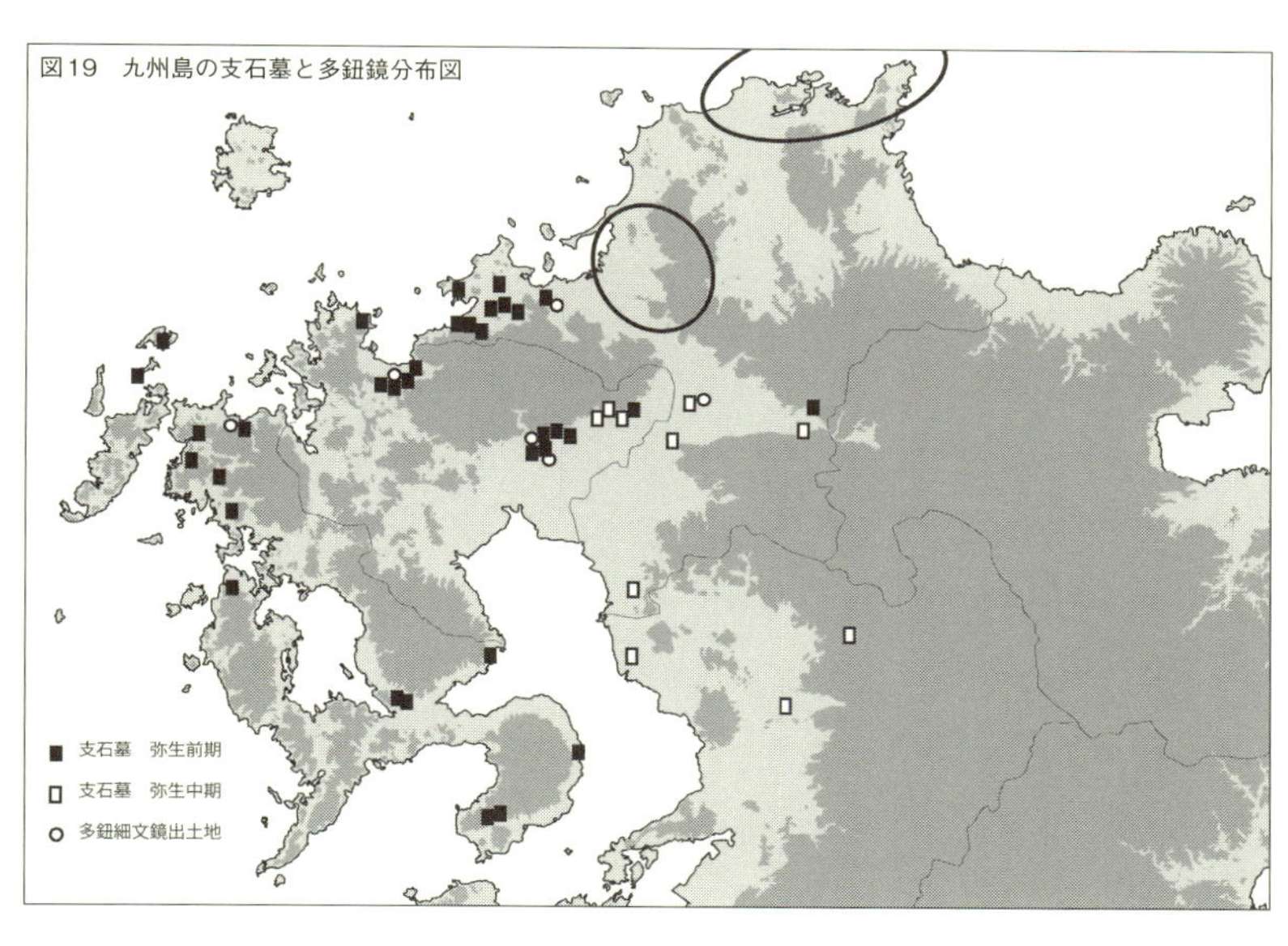

ぞれに地域色を持ち、3ないし4群に分けられる。次節で記す鏡の文化と関係するので少し詳しく見ておきたい。

新しい墓制の一つ、列島の支石墓は約600基あるといわれ（平郡達哉／2005年「日本九州地方もコインドルと保存現況」『世界巨石文化とコインドル』東北アジア支石墓研究所）、弥生中期に属するものも少なくない。朝鮮半島の支石墓と比べると上石が扁平で小さく、碁盤式が基本である。弥生早期から前期段階は福岡県西北部の糸島地域と西の佐賀県唐津湾岸、佐賀平野の奥部、長崎県西寄りの沿岸部や山上など限られた場所のみに分布する。弥生中期には筑後川の流域と熊本県北部にも広がり、鹿児島県西部でもその変化形が確認されている。

初期の支石墓の分布は大きく3群に分けられる。玄界灘を望む唐津市から福岡県糸島市の平地に集中する一群と長崎県北部の海峡から大村湾の奥部を越えて島原半島に点在する一群、そして佐賀県の背振山南麓に点在する一群である。糸島と唐津平野の支石墓をさらに分けることもできる。

福岡県では卑弥呼の時代に伊都国（いとこく）があったと想定されている糸島市の平地や台地に集中し、福岡平野と糸島地域との間にある早良（さわら）平野でも1基確認されている。この時期の支石墓分布の東限である。

糸島市域の支石墓は9カ所確認されている。志登支石墓群の10基、新町遺跡の推定約30基を除くと1～4基の少数で分布している。一つの墓域に造られた墓の総数も新町遺跡と石崎矢風遺跡、長野宮ノ前遺跡以外は20基以下と比較的少ない群構成である。

支石墓の埋葬施設は土壙墓と積石石棺墓が主体であるが、土器棺も認められる。石崎矢風の1号支石墓は木棺を伴っていた。新町遺跡出土の人骨は形質学的に縄文人系の特徴を備えているとされ、別の墓で抜歯がある人骨も確認されている。支石墓の下部構造には土器棺もあり、突帯文土器系の壺型である。突帯文系の土器棺墓を含め、弥生前期初頭板付Ⅰ式期に相当する墓である。

唐津湾側の支石墓群は、唐津平野の東端の谷平野にある五反田支石墓群と中央奥の谷平野に位置する宇木の支石墓群、唐津湾の外湾部にあたる呼子（よぶこ）町の海浜グループの3群に分けられる。

五反田支石墓群は唐津平野の東の谷筋にあり、5基の支石墓と土壙墓で構成される。4号支石墓は甕棺墓が埋葬施設になっている。

宇木グループに属するのは、葉山尻支石墓群と森田支石墓群および瀬戸口支石墓群である。宇木川沿いの谷筋沿いに築かれている総数36基の支石墓が確認されている。瀬戸口支石墓群には14基の支石墓があり、甕棺墓や土壙墓が埋葬施設なっている。中期に百数十基の甕棺墓群を形成する宇木汲田遺跡も指呼の間にある。この地で数百年間にわたる集団の定着があったことを示している。

唐津湾の西の外湾部の砂丘上に位置する大友遺跡は、水田経営には不向きな場所にある。14基の支石墓と石棺墓や甕棺墓、配石墓など200基近い墓が確認されている。大友遺跡支石墓出土の人骨は貝輪を伴うものや抜歯をしている人骨が6例あり、形質的に見て縄文系、言い換えれば在地人と考えられている。支石墓の下部構造は土壙墓と甕棺墓である。

佐賀平野では久保泉丸山支石墓群が、118基の大群集を形成している（図20）。前方後円墳時代の墓と重複していて、上石と支石が残っていたのは2基確認されている。残っている主体部の状況から大半が支石墓であったと考えられている。下部構造は壺棺6基と石蓋土壙または土壙墓である。土壙上面の長さが150cm以上の土壙は約20基あるが、墓壙底の長さが120cmに満たないものが大半である。久保泉丸山から西約4kmにある礫石（つぶていし）支石墓群は支石墓13基、壷棺墓7基、石蓋土壙墓2基、土壙墓2基が確認されている。埋葬施設は壺棺と石蓋土壙である。背振山南麓のこのほかの支石墓は、1~3基ずつ点在している。いずれも埋葬施設は石蓋土壙または土器棺で新しい時期には専用の大型甕棺が用いられている。小型の壺を蓋の石積みの間に供えている例が多い。

図20　佐賀県久保泉丸山遺跡の支石墓（小池史哲氏提供）

これらと少し様相が異なるのが、長崎県側の支石墓である。日本海側に面して里田原支石墓群、長崎半島の外海側に面する地域に、北から小川内支石墓群、大野台支石墓群、狸山支石墓群、四反田支石墓群、天久保支石墓群があり、島嶼部に宇久松原支石墓群、神ノ崎支石墓が分布している。さらに大村湾の最奥部の標高240m弱の山頂の風観（ふうかん）岳支石墓群、島原半島の南西、標高240m余の山中に原山支石墓群がある。

大野台支石墓群や風観岳支石墓群、原山支石墓群は、50基から100基を超える大きな墳墓群を形成している。小川内支石墓群や狸山支石墓群など、7～10基の支石墓群を形成するのも少なくない。埋葬施設は板石型の石棺墓が多く、土壙やと土器棺墓がある。石棺墓は長さが1m内外の小型が主体で、再葬または火葬骨を納めたものと考えられるが、屈葬例も確認されている。また土器棺を石棺風に石で囲った例も確認されている。棺内外に小型土器を供献している事例も少なくない。

初期の木棺墓は福岡平野部を中心に分布する。福岡市板付遺跡や粕屋市江辻遺跡で木棺墓群が確認されている。また、福岡市雑餉隈(ざっしょのくま)遺跡では磨製石剣や磨製石鏃を副葬した木棺墓が調査されている。朝鮮半島出土の磨製石剣、磨製石鏃とまったく同じである。これらの木棺墓は区画施設こそ持たないが、住居域から離れ一定の範囲に集中している。墓域としての意識があったと山崎氏は考えている。また氏は板付遺跡でも、遺跡北端にある板付小学校の校庭で調査された木棺墓群の配置と削平されたという証言をもとに、一定の空白部地に墳丘墓があった可能性を指摘している（山崎純男／2008年「最古の農村・板付遺跡」『シリーズ「遺跡を学ぶ」』四八　新泉社）。

注目したいのは、この地域には支石墓が分布していないことである。ただし、板付遺跡の脇を流れる御笠川上流には漢鏡20余面とガラス璧片を持ち、奴国王墓と目されている春日市須玖岡本D地点甕棺墓がある。弥生中期後半に属すこの墓は、その上に巨石があったと伝えられている。近くに板状の巨石も残っている。支石墓の変形、または支石墓から新しく派生した施設の可能性もある。

石棺墓の分布域は福岡県東部から下関市を経て島根県まで確認されている。支石墓の上部構造、つまり上石と支石を在地人が省略して築いた独自性という解釈も成り立つが、朝鮮半島南部では松菊里型墓制と呼ばれる上石や支石のない墓があることも視野に入れておかねばならない。

山口県土井ヶ浜遺跡の石棺墓はいく枚もの石を立て並べて、長さ5mに達する石棺がある。通常の石棺は遺体一人分が収まる程度の大きさであることを考えると、この石棺の大きさは異常である。石棺の中から5体分の人骨が確認されている。こうした埋葬形態はもしかすると、在地人の独創性といえるかもしれない。ただし、土井ヶ浜人は渡来系人の形質を持つという。

もう一つ山陰の墳墓を挙げておきたい。

島根県堀部第Ⅰ遺跡は、島根半島の中央付近にある墳墓群の遺跡である。長者の丘と呼ばれる独立丘の裾を巡るように弥生前期段階の墳墓群が築かれている。墳墓群は2〜4列で、弧状に連なって丘を半周している。列状に連なるのは、朝鮮半島の支石墓群や松菊里墓制の特徴である。西北部九州島の支石墓群なども列上に並んでいることが注目されている（中村大介／2010年「日本列島弥生時代開始期の墓制」『アジア巨石文化とコインドル』）。

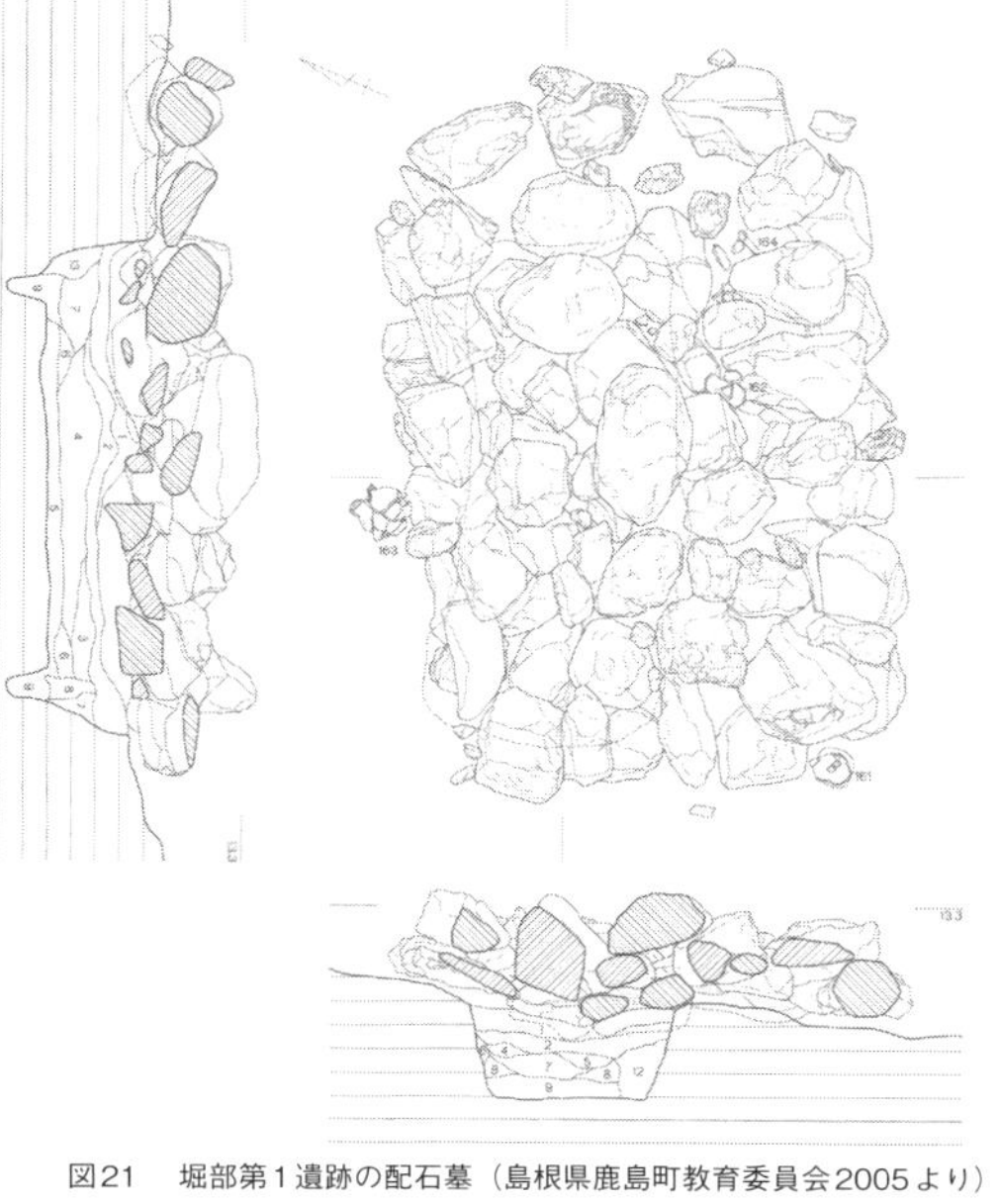

図21　堀部第1遺跡の配石墓（島根県鹿島町教育委員会2005より）

さらに注目したいのは、埋葬施設の構造である（図21）。土壙の中に木棺を据え、木棺の上に石を積んでいる。平面の形を長方形に整えた墓もある。朝鮮半島の支石墓の上石を外すとそっくりなものがある。列状に並ぶ支石墓の中には、

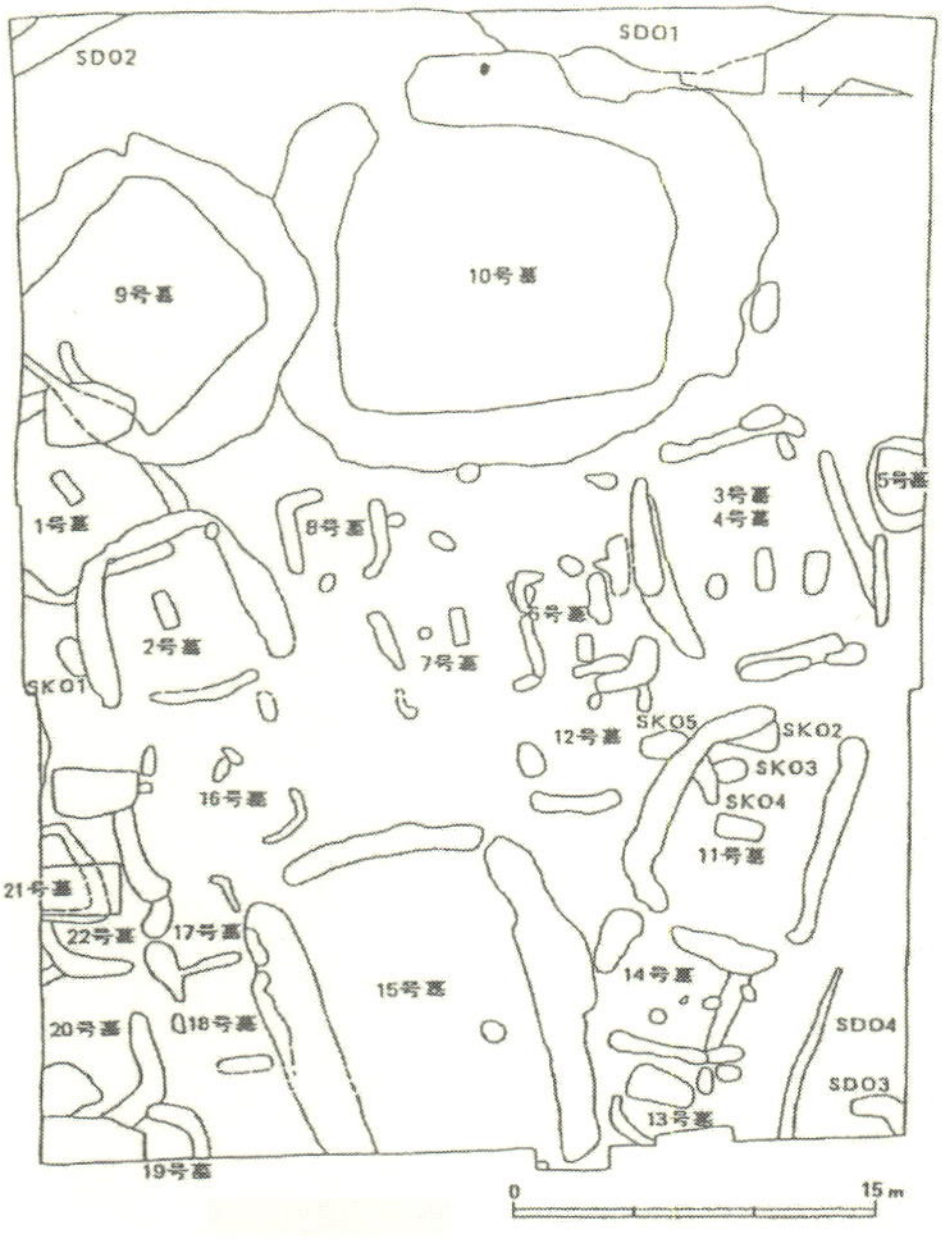

上石がほかの石より少し大きな申し訳程度の上石を置いた墓もある。ただし、墓壙の上に石を積んだ墓は時期が下る福岡県吉武高木遺跡４号木棺墓にもあるので、九州島の支石墓（吉武高木遺跡は後述するが、支石墓集団と関係している可能性がある）集団との関係も無視できない。

日本列島の周溝墓には、円形と方形二つの形がある。円形周溝墓は瀬戸内を中心とし、大阪湾岸付近までの比較的狭い範囲に分布する。方形周溝墓はその始まる時期や流行する時期を問わなければ、広範囲に分布する。地域によっては前方後円墳時代まで継続する。

九州島でも、福岡市藤崎遺跡32次調査などで方形周溝墓の可能性のあるものが報告されており（福岡市教育委員会／２００４年「藤崎遺跡15―藤崎遺跡第32次調査報告―」『福岡市埋蔵文化財調査報告』第８２４集）、前期から周溝墓が築かれている地域があると思われる。香川県佐古川・窪田遺跡では円形周溝墓と方形周溝墓が共存している。円形周溝の一部、方形周溝のコーナーなどで溝が途切れているものが多い。兵庫県東武庫遺跡の方形周溝墓は、１カ所だけでなく2カ所以上溝が途切れているものが見つかっている（図22）。後節で触れるが、この溝の途切れ部は墓域に入る通路と考えられている。埋葬施設は木棺である。周溝の肩

図22　東武庫遺跡の周溝墓（兵庫県教育委員会1995より）

部と同じ高さで墓壙の痕跡が見つからない場合もある。そういう場合は、周溝が確認されたレベルより高い位置に埋葬施設があったと想定している。要するに周溝墓には、本来溝で区画された中に木棺を覆うほどの墳丘があったことを示している。

このほか、溝による区画ではなく、盛土で方形に区画した墓や細い尾根筋を利用して周囲を削り落として長方形の区画を作った墓もある。

福岡県筑前町東小田・峰遺跡や京都府京丹後市七尾遺跡がそれである。溝を用いなくても方形や円形の区画を作る考え方は共通している。福岡市板付遺跡で山崎氏が指摘した空白部も同様な区画墓であった可能性がある。

これらの墓制が始まる時期の差はあるものの、それが文化の波及であれ移住者による伝播であれ、地域ごとに多様な姿で始まっていることは見逃せない。

私は最近、西北部九州に登場した複数の埋葬文化の現象を木棺と石棺の先後関係や、新しい墓制を在地人が選択的に採用したという解釈は現実性に乏しいと考え始めている。各氏の説はそれぞれ傾聴に値する。しかし、朝鮮半島のこの時期の埋葬文化やコメの文化、生活文化の多様性を見ていると、列島の水田稲作開始期の埋葬文化の様相はもっと多元的に考えるべきではないかと思っている。

確信を得るまでには至っておらず、多くの実証すべき課題が残っているが、問題提起をする意味で大雑把なイメージを披露したい。

まず支石墓は列島の縄文人が見て聞いたくらいで真似ができるほど簡単な墓作りではない。また、なぜ九州島の人たちが支石墓を選択的に受け入れる必要があったのかも問題である。

山崎氏によるとこの時期の九州島の縄文人は、水田稲作はともかく焼畑などを含めた独自の農耕社会を形成している。半径5㎞程度のテリトリーが認められるという。それは血縁的な繋がりを持つ一、二の集団単位で営んだ生活形態と考えられる。寒冷期に向かう中で新しい作物や耕作方法の知恵を得る必要があったとしても、生産形態に関する情報の取得と生産行為の模倣であって、急激に墓制を変える必然性はないはずである。墓制に影響を与えるものがあるとすれば、被葬者の出自や集団の信仰的変化、社会組織（集団関係）の変化であろう。移住者の存在がそのきっかけになる。

　朝鮮半島の集団との交流という表現も注意が必要である。例えば、九州島と朝鮮半島に組み合わせの釣り針や組合せの銛（もり）が分布している。九州島の黒曜石製の石鋸や銛先が朝鮮半島でも九州島でも出土している。それを交流の結果とは必ずしも言えない。その資料を詳細に観察している山崎氏によると、朝鮮半島と九州島のこのようなモノの動きには、双方向的に行き交っている時期と断絶している時期、一方通行の時期がある（まだ発表されていないが、氏の貴重な着眼点である）という。九州島に支石墓が登場する時期は断絶の後の一方通行の時期にあたるらしい。とすれば、それは交流ではない。

　列島最初の確実な水田は、板付遺跡の弥生早期（突帯文土器単純期）水田である。板付遺跡から学ぶとき、大切なのは最古の水田という以上に、板付遺跡に灌漑施設を備えた完成された水田経営技術と集落形態が持ち込まれていることである。環濠やその中の貯蔵穴群、墓地も区分けされている。畑作を営んでいた在地人があまり寄りつかなかった場所に、突然、板付ムラというコロニーが出現した状態である。在地縄文人が生産形態を模倣するだけでは、環濠を伴う大規模な集落を形作ることはできないだろう。相応の規模の移住者集団であったことを想定したくなる。板付ムラの先駆者集団は、次節で記すように最初の鏡文化から取り残される。それは西北部九州に渡来した移住者たちの出自と、その地への馴染み方の違いと関係する。

　その出自に関しても大きな問題が残っている。

初期の弥生土器文化を構成する彩文土器（土器の表面の文様に色塗りした土器）は、晋州市平居洞遺跡群で出土している。板付Ⅰ式と呼ばれる甕型土器と相似の土器も、全州市三東洞遺跡で発見された。初期の弥生土器との関連が認められる遺跡はあるものの、朝鮮半島南部地域で板付ムラの手本になるような集落・水田域はまだ確認されていない。朝鮮半島各地の遺跡で得られたこれまでの情報では、畑作のアワやキビと比べ、コメは生産活動の主役になってはいない。一方、山崎氏によると板付ムラの生産形態は、圧倒的にコメが主体という。

板付ムラと比較すると、支石墓が分布する地域は様子が違う。先住者のテリトリー、それも主たる活動エリアと思われるところに築かれている。その支石墓の埋葬施設に甕棺がある。縄文系の甕棺である。朝鮮半島では、いまのところ甕棺を埋葬施設にした支石墓は確認されていない。支石墓やその周りの墓で出土した人骨は、縄文人（在地人）の形質を持つという。これらの支石墓は、まさに在地人と渡来人との混交形態を示唆している。平和的混交である。とすれば、移住者は朝鮮半島のどの地域から来たのか。朝鮮半島南部地域の埋葬文化は一様ではない。支石墓もそれぞれ多様である。同じような農耕文化でも松菊里文化と検丹里文化と呼ばれる違いがある。

朝鮮半島と九州島の地理的関係は誰しも知っているであろう。九州から朝鮮半島への海の道は唐津あたりから壱岐、対馬を経て釜山・金海周辺に至るのが一般的な海の道である。あの『魏志倭人伝』にも末羅（唐津湾岸一帯）、壱岐、対馬の名が記されている。

しかし、この二つの島には、支石墓がない。支石墓の文化を携えてきた集団は当初から対馬と壱岐の島には住まないつもりで九州島を目指したのだろうか。それにしては、彼らがたどりついた先は九州島西北部でも西寄りの一角に集中している。水田を営むのにあまり適さない場所もある。彼らの情報に福岡平野はなかったのだろうかとさえ思う。

朝鮮半島から九州島を目指す立場で考えたとき、朝鮮半島西南部から出発すれば対馬海流の影響で、直接九州島西端部に着くのではないか。これも山崎氏の着想である。その着想を借りれば、対馬や壱岐に支石墓がないことも理解できる。支石墓が北松浦半島から長崎県西側に偏っていることもうなずける。この地域の支石墓の埋葬施設に石棺が多い共通性も解釈しやすい。少なくとも唐津や糸島にやってきた集団とは別系譜の集団が含まれている可能性がある。

どうも、西北部九州に新しい墓制や生産体系を持ち込んだ集団は一方通行の移住で、しかも複数の出自を持つ集団であった可能性が高い。しかも西北部九州に異なる墓制を持ち込んだ集団の中には、先住者と緊張関係を持っていた集団もあれば、協調的に溶け込んだグループもあった。その中に九州島の鏡文化の始まりと深く関わっている集団がいる。

1998年に国立歴史民俗博物館が刊行した鏡の集成をもとに、その後2008年頃までに新しく発見された資料を加えたものをまとめると、弥生時代から前方後円墳時代の終わり（七世紀初）までの遺構に伴っていたと見られる鏡は約4750面ある。このうち弥生時代中期初頭（前四～三世紀）から庄内式（三世紀中頃）並行期に属する鏡は約560面ある。残りの約4100面が前方後円墳時代の鏡である。

第二節　鏡の文化の始まりと地域

弥生時代出土の鏡（列島最初期の鏡）

弥生時代出土鏡約560面のうち、福岡、佐賀、長崎3県で出土した鏡は約380面、九州全体で約440面である。この時期の鏡全体の8割が九州島で出土している。弥生中期～後期前葉段階の鏡は山口県梶栗浜遺跡石棺墓出土の1例を除くと、長崎、佐賀、福岡の3県だけに分布する。3県の中でもほぼ甕棺分布地帯に限定されるのが大きな特徴である。

日本列島に伝わった最初の鏡は、朝鮮半島製の多鈕細文鏡である。弥生中期初頭の福岡県吉武高木遺跡3号木棺墓出土例が、いまのところ最古の事例である。多鈕細文鏡は、日本列島では西北部九州（図9）を中心に12例知られており、九州以外では山口県下関市梶栗浜遺跡石棺墓出土例と、大阪府、奈良県、長野県の3例のみである。

大阪以東の3例は、弥生時代中期末ないし後期に祭祀品として使用され、あるいは埋納されたと考えられる。長野県の多鈕細文鏡は鏡片で小さな孔があけられている。いわゆる破鏡である。

九州島でも副葬品以外の出土例は、弥生中期の福岡県小郡市若山遺跡で甕に埋納されていた2面の多鈕細

図23　福岡県吉武高木遺跡3号墓と出土遺物
（福岡市教育委員会・常松氏提供）

文鏡がある。甕型土器の中に2面納められた状態で出土している。祭祀的な意味合いが考えられている。吉武高木遺跡以外の佐賀県3例と長崎県2例は甕棺墓から出土している。

吉武高木遺跡は弥生前期の支石墓の東限、四箇船石支石墓と同じ早良平野にある。木棺と甕棺12基を中核として20余基の周縁墓群、さらにその周囲に墳墓群が広がっている（図23）。甕棺墓や木棺墓の中には墓壙の上に数個の石を置いて墓標のようにしているものがある。支石墓ないし石蓋木棺墓の退化した形と見ることもできる。3号木棺墓も墓壙の脇に数個の石が置いてあった。3号墓では多鈕鏡とともに、銅剣、銅戈、銅矛と多量の玉類が副葬されていた。周辺の甕棺墓からも銅剣や銅製腕輪（銅釧ともいう）、勾玉や管玉などの玉類が出土している。多鈕鏡を持つ3号木棺墓は副葬品が豊富であるが、それ以外の木棺墓と甕棺墓では、埋葬施設の違いよる副葬品の優劣はつけがたいという（常松幹雄／2006年「最古の王墓・吉武高木遺跡」『シリーズ「遺跡を学ぶ」』24　新泉社）。

佐賀県唐津市宇木汲田遺跡は宇木の支石墓群の一角にある墳墓群である。弥生中期を中心に120基余りの墳墓が確認されている。12号甕棺墓から多鈕細文鏡と細形銅剣が出土している。この墳墓群ではほかに、銅剣6、銅戈4、銅釧（腕輪）12の銅製品が甕棺墓から出土している。武器類は1点ずつ単独で副葬されているものが多い。佐賀県本村籠遺跡は支石墓群と同じ背振山南麓にある。２次調査58号甕棺墓で銅鉇と玉類とともに多鈕細文鏡が出土している。

長崎県里田原遺跡は、北松浦半島の西北先端近くにある。支石の周辺から甕棺墓群が発見されており、３号甕棺墓にともなって多鈕細文鏡が出土している。鏡は甕棺外に置かれていた。同県壱岐原の辻遺跡出土資料は、複数の壊れた甕棺墓の埋め土から多数の細形銅剣とともに出土している。王墓の可能性も指摘されているが、伴出関係を特定しがたい。

九州島以外で唯一の墳墓出土例である下関市梶栗浜遺跡では、石棺墓から２本の細形銅剣が壷とともに出土している。下関市一帯は前期の石棺墓地帯で、玄界灘に面する中ノ浜遺跡では石棺墓から細形銅剣が出土している。異論もあるが、中ノ浜遺跡にはほかに支石墓と目されている墓もある。

九州島での多鈕鏡の墳墓出土例を見ると甕棺にともなうことが多く、吉武高木例も周辺に甕棺墓が点在している。さらにいうと、原の辻遺跡を除くと、弥生早期から一部中期まで存続する支石墓分布地域に含まれることである。吉武高木遺跡は四箇船石支石墓の近くにあり、支石墓の影響を受けたと見られる標石を持つ。墳墓以外の出土例である小郡（おごおり）市若山遺跡も中期の支石墓が分布する地域である。

日本列島の出土例を見ていると、多鈕細文鏡と支石墓には一定の関係があるように思える。列島初期の鏡文化が朝鮮半島西海岸を中心に分布する多鈕細文鏡である点、おおいに注目する必要がある。北部九州における水田稲作開始の問題について、朝鮮半島東南部の集団との関わりだけでなく、西南部との関わりも視野に入れておく必要があるからである。少なくとも多鈕鏡の入手は、朝鮮半島西南部地域集団との交通関係のもとで行なわれた可能性が高い。

漢鏡の入手と鏡文化（弥生中期後半から後期前葉）

弥生中期後半から漢鏡の副葬が始まる。時期をある程度特定できるものに限ると、後期前半までの出土例は長崎県6地点15面、佐賀県11（墳墓10、集落1）例12面、福岡県21（墳墓19、集落2）例118面である。福岡県の出土枚数が多いのは、福岡県糸島市三雲南小路遺跡や同春日市須玖岡本遺跡など4基の甕棺墓で20面を超える多量副葬が行なわれているからである。多数副葬は王墓と目されている墓に限られ、そのほかは基本的に一人1面の副葬である。遠賀川上流の嘉穂地域でも、6面の漢鏡を副葬していた立岩10号甕棺墓は嘉穂の王墓と目されている。

その分布は、それぞれの地域でも限定的である（図24）。長崎県は15面中14面が壱岐と対馬の墳墓から出土している。ほかに、時期を特定できないのでこの時期の事例に含めなかった島原市景華園支石墓の甕棺から1面出土したと伝えられている。壱岐では甕棺、対馬では石棺を埋葬施設としている。対馬の出土例は、確

図24　弥生中期から後期前半の鏡出土地

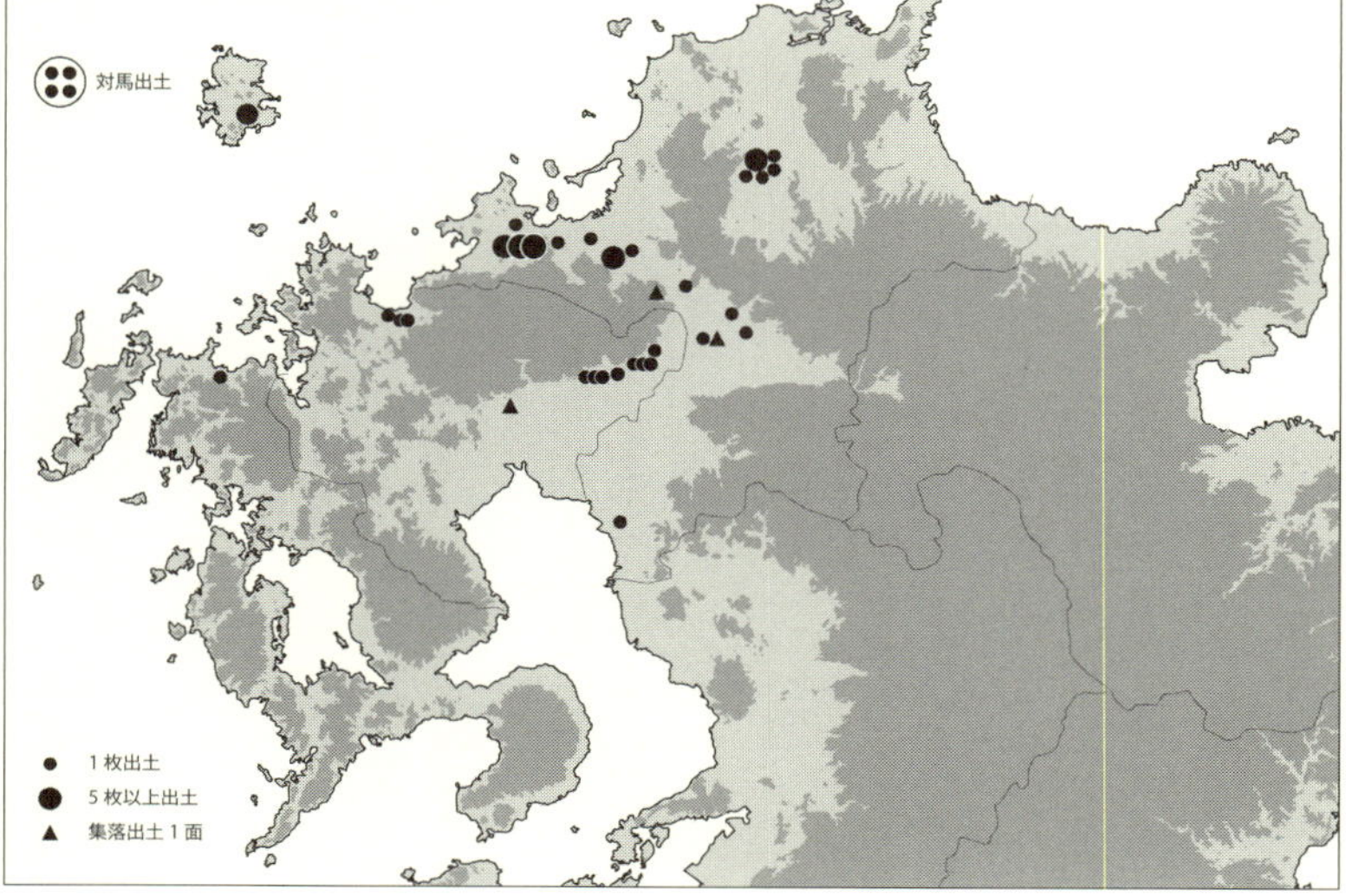

対馬出土

1枚出土
5枚以上出土
集落出土1面

実な副葬品の伴出例に乏しく時期比定に難がある。客観的な時期の確証がないので上記の事例に含めていないが、細形銅剣と鉄剣が出土している対馬の東の浜遺跡の石棺もこの時期に含めてよいかもしれない。長崎県で唯一九州島側にある北松浦郡栢ノ木遺跡の石棺墓では、玉類が伴っている。

佐賀県では唐津湾と背振山南麓の一帯に限定される。支石墓と甕棺の分布地帯である。唐津湾側では田島遺跡26号甕棺から1面と桜の馬場遺跡甕棺墓から2面鏡出土している。桜の馬場遺跡ではガラス小玉、刀片と有鈎銅釧が出土している。背振山南麓では4遺跡8基の甕棺墓から1面ずつ出土している。二塚山遺跡と三津永田遺跡では、それぞれ3基の甕棺に鏡の副葬が認められる。

福岡県は地域単位で様子が異なる。後の伊都国である前原地域では、三雲南小路遺跡で2基の甕棺にそれぞれ20面以上副葬されていた。この墓は旧前原市の発掘調査で、墳丘を持つ方形周溝墓であったと考えられている。三雲南小路1号甕棺は江戸時代に発見され、絵図とともに記録が残されていた。30余面の鏡とともに、棺内に細形銅矛1、中細銅矛1、ガラス勾玉3、ガラス管玉60以上、朱入り小壷・ガラス璧8、金銅製四葉飾金具八、棺外に中細形銅戈一、有柄中細型銅剣1が出土したという。

ガラス璧と金銅製の飾り金具は、ともに中国からもたらされたものである。璧は長寿幸運をもたらす品として中国王朝上層社会で珍重され、副葬品にもなっている。金銅製飾り金具は、箱などに取り付ける装飾用の部品である。弥生社会には見られない金銅製品もその用途とは関係なく、中国から入手した希少品として伊都の王の自慢の品であったろう。1975年に調査された2号甕棺には、22面の鏡のほかに、ガラス垂飾1、硬玉勾玉1、ガラス勾玉12が副葬されていた。後期に属する井原槍溝遺跡の甕棺でも19面の鏡が副葬されていた。3点の巴形銅器が副葬されていた。それ以外にこの地域で鏡を持つ墓は確認されていない。

吉武高木遺跡がある佐良平野では、吉武樋渡地区の甕棺墓群の中の62号甕棺墓で素環頭(そかんとう)大刀とともに銘帯鏡が副葬されていた。吉武高木3号墓よりも200年ほど新しい時期に属する。この地域でもこれ以外に鏡を副葬した甕棺墓は知られていない。その東の樋井川水系では、やはり後期前半に属する丸尾台甕棺墓に内行花文鏡（ないこうかもんきょう）3面が副葬されていた。複数の鏡を副葬した数少ない事例である。

板付遺跡がある御笠川の水系では、上流の春日市須玖岡本遺跡内の3地点の甕棺墓で鏡が出土している。とくにD地点の甕棺墓では、20面以上の鏡が出土している。上に大石があったと伝えられ、支石墓あるいはその影響を受けた墓であった可能性が考えられる。また、出土地点といわれる場所に方形の土地区画が残っており、区画墓であった可能性も指摘されている。D地点の墓の出土品には、中細形銅剣、細形銅戈、中細形銅戈、ガラス玉類とガラス璧片がある。春日市では、ほかに後期前半に属する立石遺跡甕棺墓で青銅鋤先とともに1面出土している。水田稲作の先駆者で前期から中期にかけて拠点的な集落を形成した板付ムラや江辻遺跡の一帯にはまだ鏡の文化が及んでいない。

福岡県の東寄りの遠賀川水系の上流嘉穂地区も、飛び地のように甕棺墓と鏡の副葬が認められる。立岩遺跡では40余基の甕棺墓群があり、そのうち5基の甕棺から計10面の銅鏡が出土している。10号甕棺には、6面の鏡と銅矛、鉄剣、鉄鉇、砥石が副葬されていた。1面副葬の甕棺では、鉄剣だけを副葬した甕棺（39号）、鉄戈と鉄剣を副葬した甕棺（35号）、14個の貝輪を着装し鉄戈を副葬した甕棺（34号）のほか、素環頭鉄刀子と各種玉類、塞杆状ガラス器を副葬した甕棺（28号）があり、鉄器以外の副葬品の種類は多様である。

そのほかの分布地域では、筑前町（旧朝倉郡）夜須町小田峰13地点23号甕棺墓で貝輪38、鉄矛1、銅剣1とともに前漢鏡1面、朝倉市（旧朝倉町）の墳墓、みやま市（旧山門郡）瀬高町車塚古墳墳丘下の甕棺墓と考えられている墓でも前漢鏡が各1面出土している。中期末後期前半に属するものでは、小郡市横隈狐塚遺跡63号土壙墓（横口式）から仿製鏡が出土している。この時期の福岡県域で唯一の土壙墓出土例である。鏡のほかに副葬品はない。やや時期が下ると思われる。また、集落遺跡での出土事例として、小郡市三沢栗原遺跡30号住居址と大野城市仲島遺跡の土坑出土の2例がある。いずれも後漢鏡の破片で後期前半に位置付けられている。生活の場所で鏡が用いられ始めた初期の事例といえる。

鏡文化の拡散と破鏡・仿製鏡

弥生時代後期後半は破鏡と仿製鏡が急増し、分布圏に大きな変化が認められる（図25）。甕棺文化圏以外の九州北半部を始め、一部瀬戸内地域にも拡大する。甕棺文化圏では基本的に甕棺墓がなくなり、石棺墓や土壙墓に変化する。副葬遺物も鏡のみか1、2の鉄器やガラス玉だけになり、時期の決め手に欠けるものも少なくない。単に埋葬施設の側面から見ると、甕棺文化圏の解体である。しかし、その内容は、長崎県、佐賀県、福岡県と、他県とでは大きな隔たりがある。

長崎県ではこの時期に属するものは10面あり、うち対馬で3基の石棺墓から6面、壱岐で壷棺1基とカラ

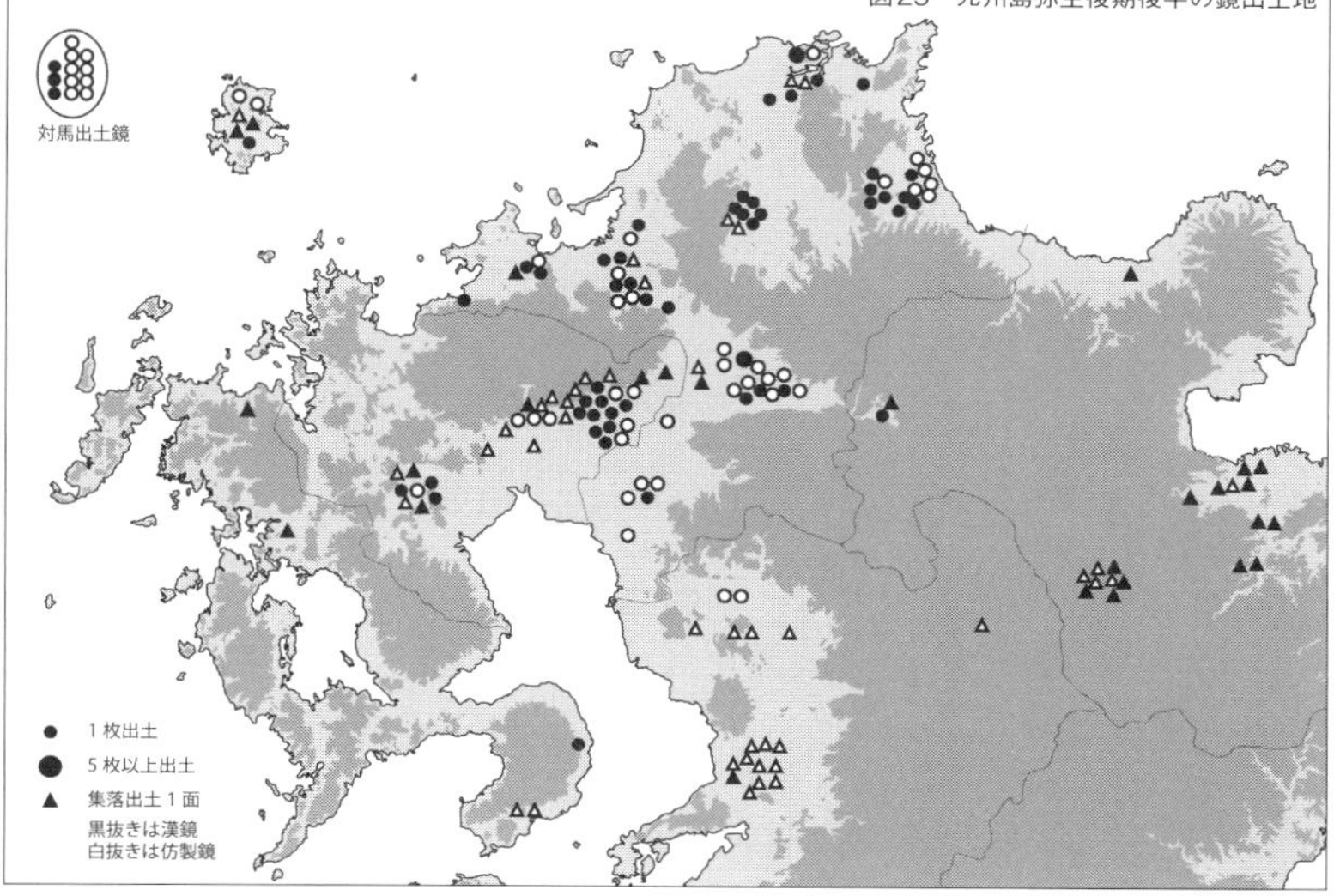

図25　九州島弥生後期後半の鏡出土地

対馬出土鏡
1枚出土
5枚以上出土
集落出土1面
黒抜きは漢鏡
白抜きは仿製鏡

カミ遺跡、原の辻の集落遺跡から計3面、東彼杵郡東彼杵町白井川の集落遺跡で1面出土している。10面のうち7面は直径10㎝以下の仿製鏡である。舶載鏡とされる三面は破片もしくは欠損品である。対馬では木坂遺跡5号石棺墓から4面の仿製鏡と玉類、青銅祭器（有孔十字形銅器・笠形銅器・銅矛など）のほか、刀子、剣・鏃などが出土している。このほか、伝承品や出土時期不詳品、表採品を除き、時期を特定できないものが7面あり、対馬で3面、壱岐で1面、旧南高木郡北有馬町今福の集落遺跡の溝から仿製鏡2面が出土している。

長崎県の中でも圧倒的に対馬・壱岐に鏡が集中し、本土側では集落遺跡からの出土例だけになる。

佐賀県では墳墓出土例4例4面（うち1例は墳墓祭祀という）、集落出土例は8例9面である。佐賀市（旧佐賀郡）大和町惣座遺跡219号住居址から完形の仿製鏡が2面出土している。佐賀県では破鏡や仿製鏡が用いられ、墳墓以外で鏡が出土するのはⅤ期以降の可能性が高い。「鏡集成」で弥生時代とされているもののうち、石棺墓や土壙墓に副葬されているのは13例13面ある。仿製鏡7面（うち完形5面）、漢鏡10面あり、そのうち7面は破片または欠損品である。二塚山29号石蓋土壙墓や76号甕棺墓では、蓋の継ぎ目を密封した粘土に鏡が包み込まれていた。

同様に集落遺跡の出土例で弥生時代とされているものは4遺跡から4面出土している。集落出土例あわせて12例13面のうち、完形で出土しているのは仿製鏡のみで、漢鏡とされる4面はすべて破片である。鏡とともに土器や刀子などの鉄器や玉類などが副葬されることがある。武雄市北方町椛島遺跡1号石棺では、素環頭刀子1、硬玉勾玉3・碧玉管玉36が共伴している。

福岡県では甕棺分布地帯から外れていた東部地域とそれまで出土例が少なかった南部地域で出土例が増え、石棺墓や土壙墓（木棺墓）などの埋葬施設が登場し、甕棺墓は減少する。墳墓以外に集落遺跡からも鏡が出土し、仿製鏡や破鏡が増加する。墳墓からの出土例は47例49面ある。集落あるいは祭祀遺構からの出土例が8例8面ある。佐賀県と同様に「集成」で石棺墓や土壙墓、集落遺跡の出土例で弥生時代とされているものは後期後半以降に属する可能性が高く、墳墓出土8例8点ある。詳細不明の10余点を除く総数63例のうち鏡式不明の1点のほかは、仿製鏡29面（うち完形21面）、漢鏡35面（完形10面）である。

甕棺文化圏の中でも変化が起きている。鏡の多量副葬例があった糸島地域や須玖岡本地域、早良平野地区では、流域ごとに1・2基の石棺墓や土壙墓、甕棺墓に1面を副葬している。それまで鏡の副葬例が確認されていなかった板付遺跡付近でも、宝満尾遺跡や江辻遺跡がある粕屋町地域で鏡を副葬する坂殿石棺墓が現れる。鏡の副葬例が少なかった福岡南部地域でも各地で1~3基ずつ鏡を副葬する石棺墓が認められる。

一方、嘉穂地域では、埋葬施設の変化が起きており、中期の立岩墳墓群のような集中性はないが、6基の石棺または石蓋土壙墓に鏡の副葬が認められる。

さらに大きな変化は、福岡県東部の豊前地域に現れている。それまで鏡の文化そのものがなかったこの地域で、22基の墓から24面の鏡が出土している。同じく東部地区の北九州市岩屋遺跡では6基の石棺墓から漢鏡5面と倭鏡1面が出土しており、この時期としては高い密集度である。倭鏡以外は鏡片である。

また、田川郡宮原3号石棺墓では完形と欠損品2面の船載鏡が出土し、京都郡上所田の石蓋土壙墓からも欠損品と鏡片2面分が出土している。これらの墓では鏡以外に副葬品がほとんどない。

西北部九州以外では、熊本県、大分県、山陰地域、瀬戸内の各府県にも分布が広がる。九州島では各県で出土例があるが、熊本、大分以外では、宮崎県1面と鹿児島県3面、沖縄県3面と少数である。沖縄県宇堅貝塚出土の3点は中期末ないし後期初頭と考えられているが、欠損品と破鏡であることからやや新しくなる可能性がある。

鹿児島県薩摩地域でも、川内（せんだい）、指宿（いぶすき）、国分の集落遺跡で出土している。貝輪の材料であるゴホウラ、イモガイなど南海産の貝を手に入れるための交易ルートの形跡をうかがうことができそうである。

熊本県では、確実に後期（後期後半の可能性が高い）に属するものは集落出土例の10例である。そのほかの弥生時代とされる鏡10例（墳墓3、集落7）は、この地域の全体的傾向から見て後期後半以降に属する可能性が高い。荒尾市鐘撞遺跡墳墓出土と伝えられる詳細不詳の1例を除き、すべて仿製鏡または破鏡である。

大分県で後期（後期後半の可能性が高い）に属する出土例は、17例17面（仿製鏡5、船載鏡12）で、仿製鏡3面を除く14面はすべて破鏡である。時期不詳の弥生時代とされているものは4面あり、日田（ひた）市草場遺跡の石棺墓出土の1例を除くと、集落遺跡で出土しており、4面とも船載鏡の破鏡である。日田地域は筑後川の上流域にあたり、文化圏としては福岡県に近い。

瀬戸内、畿内、山陰地域出土の鏡は各地域合せて38例38面ある。奈良県および大阪府出土の多鈕鏡2面と広島県壬生西谷遺跡33号土壙墓出土の内行花文鏡以外に完形の船載鏡はなく、仿製鏡（完形8、破片または欠損品8）か船載鏡の破鏡または欠損品13と鏡式不明の破鏡6である。副葬品と目されるのは5例で兵庫県西部以西の出土例である。いわゆる畿内地域での墳墓出土例はない。ほかはすべて集落遺跡で出土している。埋納時期不詳の多鈕細文鏡2例を除くと、後期前半に遡る事例はない。

このほか、岐阜県瑞竜寺山の弥生後期とされる墳墓で船載鏡が1面出土している。墓域内出土の土器から弥生後期に位置付けられているが、私は、鏡をともなった遺構の時期が下る可能性があると考えている。何よりも鏡の文化に関わる歴史的背景が畿内地方にもほとんどないときに、岐阜県に飛び地のように鏡が出現する背景説明が難しい。

庄内式並行期もほぼ同様の分布域を示すが、九州島以外での埋葬事例が増え始めている（図26）。先に弥

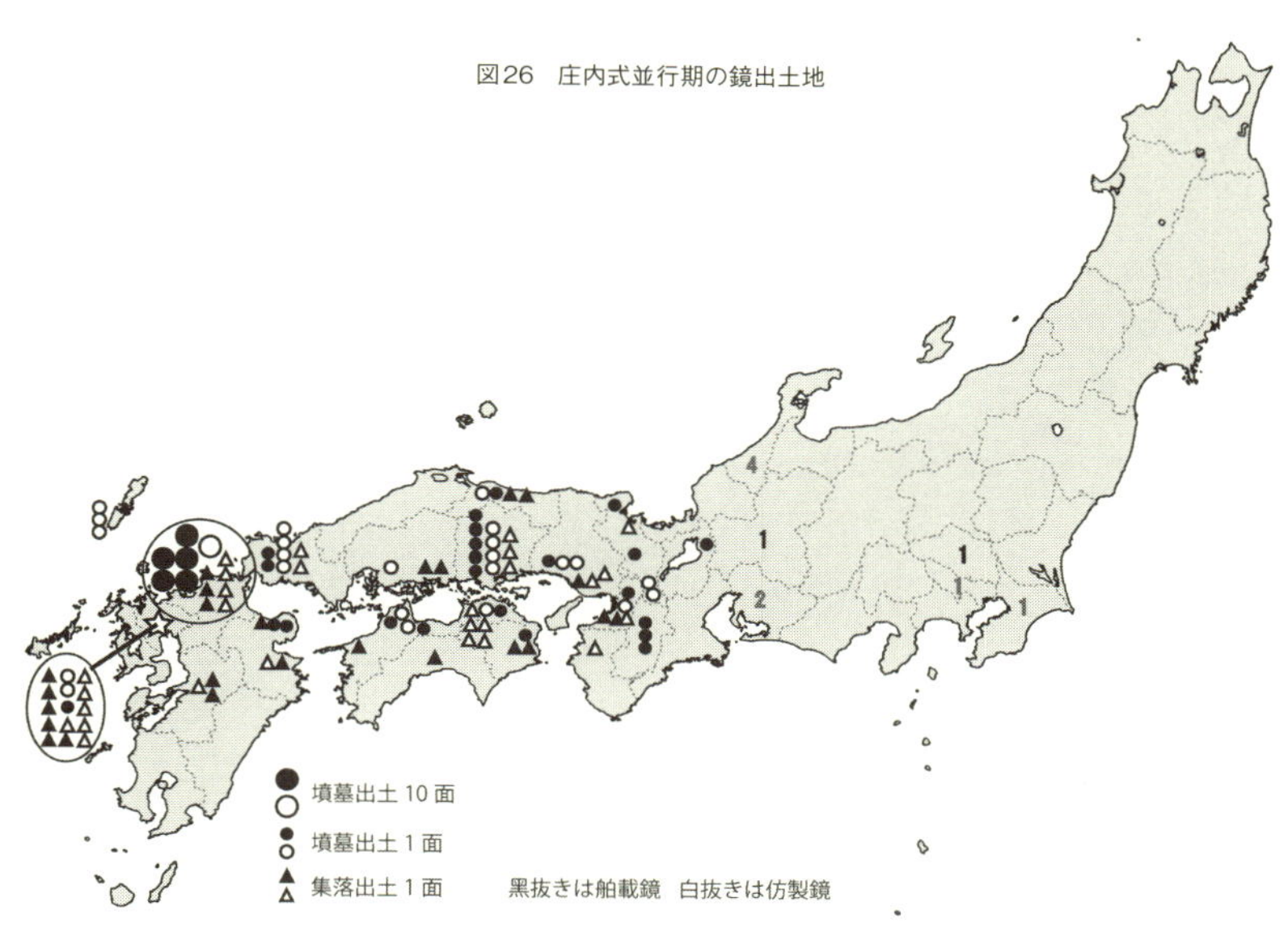

図26　庄内式並行期の鏡出土地

生時代と記されているものを後期後半に含めたが、その一部はこの時期に属する可能性がある。

この時期をいわゆる古墳時代初頭と考える研究者と、弥生時代終末期と考える見解がある。「鏡集成」では、この異論がある時期を庄内式として集成している。庄内式は畿内地域の土器に対してつけられた名称で、他地域の土器と大きく異なっている。そのため、研究者によって庄内式と他地域の土器の相対的な関係が微妙に異なっている。

ここでは庄内式並行期と表現する。実年代的にいえば、おおむね三世紀前半で、卑弥呼の時代にほぼ相当する。

長崎県には対馬で墳墓から出土した3例3面ある。いずれも仿製内行花文鏡である。鏡以外の副葬品もあり、ハロウ遺跡B区2号石棺からは広型銅矛1、滑石管玉1、ガラス小玉208などが土器とともに出土している。佐賀県は12（墳墓3、集落9）例15面あり、完形は仿製鏡の5点のみで、ほかは破鏡または欠損品である。墳墓の事例が少ないので副葬品の傾向を読み取ることはできないが、吉野ヶ里町西一本杉００９古墳では勾玉1、管玉14、ガラス小玉40、鉄斧2、鉄鍬先1、鉄剣2、鉄鏃33以上が副葬されていた。

福岡県は20（墳墓13、集落7）例58面出土している。ほかにこの時期に属する可能性のあるものが6例（墳墓3、集落3）あり、墳墓出土の可能性があるが詳細不明のものが4例4面ある。

墳墓出土例は、糸島市平原1号墓の40面の副葬以外はすべて1面の副葬である。残りの墳墓出土20面のうち仿製鏡または破鏡、欠損品が15例ある。集落遺跡出土品は福岡県東部若宮町出土と伝えられる1点を除き、すべて仿製鏡または破鏡、欠損品である。若宮町汐井掛墳墓群では庄内式並行期に属する4基の木棺墓と2基の石棺墓で1面ずつ出土しており、倭鏡1面を含めすべて欠損品または鏡片である。北九州市高津尾遺跡でも4基の土壙墓と1基の石棺墓に1面ずつ副葬されている。石棺出土の倭鏡1面を除き、倭製鏡2面と舶載鏡2面は欠損品または鏡片である。

平原1号墓は内法一辺13×10m弱の方形周溝墓である。周溝内と周溝に接して5基の土壙墓がある。中央に長一辺4m余りの大きな墓壙を設けている。墓壙内の中央をさらに一段掘り下げて長さ3m弱の割竹形木棺を据えている。木棺内から勾玉や管玉、連玉などのガラス玉類、メノウ管玉など大量の玉類が出土している。長い鉄刀は木棺の上に置かれ、墓壙の四隅に打ち砕かれた状態で大量の鏡が出土している（図27）。周溝内から鉄刀子、鉄斧、鉄鉇、鉄鏃、砥石などが出土している。直径46・5㎝の大型仿製内行花文鏡のほかに平原1号墓の方格規矩鏡は、ほぼすべてが仿製品という見解もある。

熊本・大分県では、集落出土例6例6面と大分県の墳墓2例2面である。赤塚1号方形周溝墓出土の禽文鏡以外は仿製鏡と破鏡である。赤塚2号墓は布留式並行期に属する可能性が高い。

瀬戸内地域では山口、広島、岡山、兵庫、愛媛、香川、徳島の七県で墳墓23例24面、集落遺跡17例18面出土している。このうち仿製鏡または破鏡、欠損品は28面あり、14例が集落遺跡で出土している。ほかに集落出土例で朝鮮鏡が1面ある。徳島県萩原1号墓と、兵庫県綾部山39号墓には画文帯神獣鏡が副葬されている。

畿内地域では大阪府で5（墳墓2、集落3）例5面あり、いずれも破鏡または仿製鏡である。ほかに京都府山城地域で2例2面（欠損品1）あり、奈良県ホケノ山古墳が庄内式最末期に属するのであれば1例3面が加わる。2面は破片である。ホケノ山古墳の時期は250年代と推測される（第三章第三節参照）から卑弥呼の死亡年代に近い。京都府南部山城地域では、城陽市芝ヶ原1号前方後方墳と長岡京市馬場遺跡の方形周溝墓から1面ずつ倭鏡が出土している。いずれも木棺墓で、方形周溝墓出土鏡は欠損品である

山陰では、鳥取県で4（墳墓1、集落3）例4面出土している。いずれも破鏡である。ほかに山陰側の文化圏である京都府北部で3（墳墓2、集落1）例3面出土している。集落出土品は欠損品である。このうち大田南5号墓から青龍3（235）年銘の方格規矩鏡が出土して

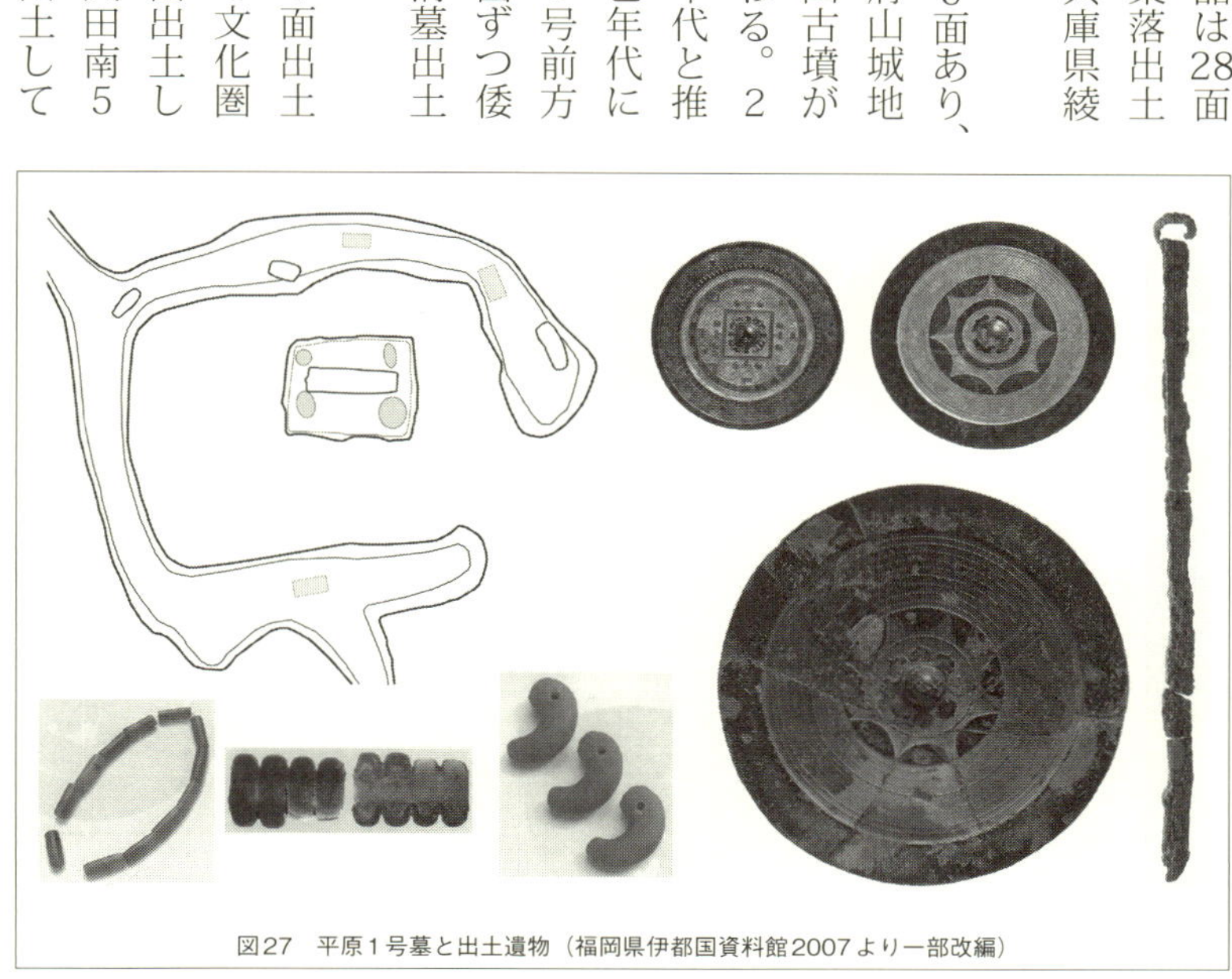

図27　平原1号墓と出土遺物（福岡県伊都国資料館2007より一部改編）

いる。共伴している土器が庄内式後半とすると、庄内式後半の一時点が235年より古くならないことを示している。

北陸地域や東海関東地域での出土例も略記しておこう。

行政区分では北陸ではないが、文化圏的には近い様相を示す滋賀県北部の1例をここでふれることにしたい。東浅井郡三川丸山古墳で庄内式と報告されている1例がある。木棺から出土した舶載鏡の欠損品である。鉄剣、銅鏃、土器などが共伴している。北陸地域では石川県に弥生後期または弥生時代と報告されているものが3面と庄内並行期に属するものが4面ある。舶載鏡の破鏡鏡片1例以外は小型仿製鏡といわれる鏡である。弥生時代の3面は後漢鏡の破鏡が出土した土坑1例と遺物包含層出土例で、詳細な時期の決め手に欠ける。無量寺遺跡の溝から出土した鏡片は、双頭龍鳳鏡と呼ばれる鏡で「位至三公」の銘文を持つものが多い。位至三公鏡とすれば、その盛行する時期を考えるとより新しい時期になる可能性も視野に入れるべきであろう。庄内式並行期に属する4例は、遺物包含層と住居址出土の各1例、溝出土の2例である。富山県には溝から出土した弥生後期の1例と、住居址から出土した庄内式並行期の1例があり、いずれも倭鏡である。

中部・東海地域では、先に紹介した岐阜県瑞竜寺山墳墓のほかは、愛知県で遺物包含層から出土した庄内式並行期の2例の小型仿製鏡がある。ほかに三重県で弥生小型仿製鏡が1面出土している。弥生小型仿製鏡または略して小型仿製鏡と呼ばれる鏡は、畿内以西の事例紹介では倭鏡と一律に表記してきた。直径5〜8㎝弱のものが一般的で石の鋳型で作られた鏡である。西北部九州以外に鋳型の出土例はない。小型仿製鏡は西北部九州を中心とする鏡の文化圏内で作られたものといえる。この鏡は前方後円墳時代になっても各地の集落や墳墓で用いられている。

関東地域では、神奈川県の住居址出土1例と埼玉県で包含層出土の1例が弥生後期とされている。神奈川県の住居址出土例は孔をあけた鏡片である。埼玉県の出土例は小型仿製鏡である。庄内式並行期に属する事例は東京都宇津木向原遺跡住居址出土の1例である。

初期の鏡文化の特性

以上が、弥生時代中期から庄内式並行期にかけての日本列島の鏡の分布の概要である。変化の様相から二、三の問題について多少の想定を交えて検討してみよう。

日本列島の鏡の文化は、九州島の多鈕細文鏡から始まる。畿内以東の3例は、鏡は古くても使用時期との隔たりが大きい。九州島の多鈕細文鏡の分布を見ると、支石墓があった地域と新しく支石墓あるいはその影響を受けた墓制が登場する春日市や小郡市の地域に限られている。朝鮮半島の多鈕細文鏡は前章で見たように朝鮮半島西南部地域が中心であり、製作地もその一角に求めるのが妥当である。列島に渡ってきた多鈕細文鏡の出発地が、この一角にあったことは間違いない。朝鮮半島では多鈕細文鏡の分布域は、支石墓が少ない地域で両者には接点がないように見える。

しかし多鈕細文鏡の古い段階の埋葬施設は、木棺の裏や上に石を積んだ積石木棺墓が多く見られる。支石墓の埋葬施設に通じるところがある。また、支石墓が盛行した地域にも分布している。支石墓と多鈕細文鏡は時間的に前後の関係で解釈されているとしても、全羅南道地域で支石墓を築いた集団の末裔に多鈕鏡の文化が受け入れられている。

列島に初めて多鈕鏡をもたらした人たちは、かつて九州島に支石墓文化をもたらした集団の末裔と関係している可能性が高い。

朝鮮半島南部で弥生時代の倭系遺物が確認される古い事例は、金海式甕棺と呼ばれる成人埋葬用の甕棺である。多鈕細文鏡が列島に渡ってくる頃の段階である。その分布範囲は、朝鮮半島東南部で多鈕細文鏡と関わっていない地域である。西南部地域では、この時期の倭系遺物はいまのところ確認されていない。そうした状況を勘案すると、鏡を運んだ人たちは、支石墓を九州島にもたらした先達者たちを頼って海を渡ってきた人たちの可能性がある。昔の仲間たちが渡ったルートをたどってその人々が行き着いた先は、当然のことながら係累を頼ってそれぞれの地に至ったのであろう。

西北部九州で在地の人々と混血を重ねて定着した支石墓社会の末裔たちは、そのとき初めて鏡を含めた青銅器や鉄器あるいは玉類を目にした。初めて手にしたものをどのよう扱うかは、持ち込んできた人たちから伝わる。鏡や青銅器の文化の知識を持った人たちと、それになじめる文化的土壌を備えていた人たちだからこそ、朝鮮半島とまったく同じように個人の埋葬に使うことができた。鏡に呪術的な機能と威勢品的な側面を期待することができたのも、歴史的背景を持っていたからであろう。

それは畿内地域の多鈕細文鏡の扱い方と比べると理解しやすい。畿内の集団が多鈕細文鏡を手にした時期が九州島の集団が鏡を手に入れたときに近い時期なのか、時間が経ってのことかはわからない。いずれであっても、瀬戸内から畿内地域では、鏡だけでなく自ら制作した銅鐸などの青銅器を個人の持ち物として扱っていない。集団の祭祀に使われたものであり、いわば共同所有の器物である。いわゆる銅矛文化圏と銅鐸文化圏の違いは青銅器に対する文化的歴史的土壌形成の違いであり、九州島と瀬戸内・畿内地域は異質の、言い換えれば異国の文化圏なのである。

九州島の人々が、新たに鏡の入手の手立てを図ったであろうことも理解できる。しかし、もはや多鈕鏡を手にすることはかなわない。朝鮮半島では鏡の文化の交替現象が起きた。新しい鏡文化の初期は主に慶尚北道の人々が担っていた。楽浪を経由して入手した漢鏡と自らの手で作りだした朝鮮鏡である。その交替現象が多鈕細文鏡の消滅と同時に起きたのか、いくばくかの時間的なギャップがあったのか、現状では正確にはいえない。

朝鮮半島東南部の鏡文化の始まりは、紀元前一世紀の初め頃からという。多鈕細文鏡の終焉が紀元前二世紀末なのか、もう少し遡るのか、私はまだ確信が持てない。九州島の多鈕細文鏡は、朝鮮半島の多鈕鏡末期のものより少し古いと考えられる。入手時期も弥生中期初頭まで遡る。とすれば、九州島に漢鏡が登場するまでに、鏡文化の空白期があった可能性がある。西北部九州では、銅剣などの青銅武器具類や工具類、鉄器類だけを入手していた時期があった可能性がある。朝鮮半島では、これらの品物は鏡のない地域にも普及している。東南部地域の集団から入手できるからである。

その頃、西北部九州の倭人社会と朝鮮半島南部との往来痕跡に変化が訪れている。朝鮮半島東南部海岸沿いの金海地域と泗川勒島で、西北部九州の土器が急増しているのである。九州島以外の土器はきわめて少ない。九州島の倭人が本格的に朝鮮半島南部との往来を始めた結果で、まさに交流である。このルートから新たな鏡の入手が始まる。航路の途中にある対馬にも鏡の文化が登場する。

その交流を担った九州島の人々は、壱岐・対馬ルートを開いた人々であり、支石墓文化の末裔たちやその周辺で暮らした人たちの一派である。より具体的にいえば、福岡市の早良平野から糸島平野、唐津湾の海民である。漢鏡を含め金属器やそのほかの品々の入手も、主にこの人たちの手によるものであろう。弥生中期後半から後期の鏡の分布の偏りがそれを示唆している。

糸島の地域では一つの墓の二つの甕棺に、それぞれ20面以上の鏡を副葬した三雲南小路の王墓がある。三雲南小路王墓に続く井原槍溝遺跡でも20面近い鏡を副葬した王墓がある。九州島における水田稲作のフロンティアの一員であった板付集団やその東方江辻の集団は、同じように甕棺文化を共有しながらも初期の鏡の文化が及んでいない。支石墓集団との出自の違いが、そこに反映されている可能性がある。

中期後半には奴国の中枢部の一つとなる春日市周辺に王墓を形成する一大拠点ができる。板付ムラの上流にある須玖（すぐ）岡本遺跡群である。鉄器やガラスの工房もある。王墓と目される須玖岡本D地点の墓は、支石墓の流れをくんだ墓の可能性が高い。糸島の王墓と並ぶ王墓である。奴国からは東に離れた遠賀川上流の嘉穂地域にも飛び地のように甕棺文化が及び、鏡6面を副葬した立岩10号甕棺墓も嘉穂の王墓と呼ぶにふさわしい。中期後半から後期初めにかけて鏡を大量保有しているのは、この4カ所5基の甕棺だけである。それは朝鮮半島南部原三国時代の鏡の在り方と似ている。基本的に集中保有と点的分布である。

倭人社会で、鏡が「威信財」的側面を持って始まったことは否定しない。一方で呪術的側面があることも確かであろう。佐賀県二塚山76号甕棺墓では、遺体を入れた甕棺と蓋との合わせ目に粘土をまき、その中に鏡が埋め込まれていた。それは「僻邪」の意味があるとされる。

後期中葉から後半に鏡の文化は大きく変わる。

甕棺文化圏の一部に限られていた鏡の文化が、九州島北半全域に広がるだけでなく、瀬戸内地域にも波及している。しかしその実態は二つの異なる鏡の文化である。

後期の鏡文化の特徴の一つは仿製鏡と破鏡の盛行である。漢鏡入手が困難になったことは先学によって指摘されてきた。そのため自ら鏡を製作し、あるいは鏡を分割して使用したと考えられている。漢王朝の前漢から後漢への動き、あるいは後漢後半期の不安定な動静と関わっていることは間違いない。鏡を分割しても、その効能を期待できたということであろう。破鏡は漢鏡のほうが多いことから見ると、倭鏡と舶載鏡の間に効能の違いが意識されていたのかもしれない。ただし、倭鏡も少なからず分割されている。漢鏡の枯渇状態は、庄内並行期も続いている。

鏡の新しい使用法の登場も特徴の一つである。集落遺跡で用いる事例が急増する。とくにそれまで鏡の文化が及んでいなかった地域に目立っている。熊本県や大分県はその典型といえる。鏡は日常生活の場で用いられるお守りのような厄除けを願う道具になった。大阪湾を含む瀬戸内や山陰地域では、弥生中期から後期にかけて分銅型土製品と呼ばれるタブレットがある。天秤秤量りの分銅の形をした円盤状の土製品で目や鼻を表現しているものもある。住居址やその周辺で出土し、墓では出土していない。完全な形で出土することは稀で、多くは破損している。壊れたので捨てたのか壊すことに意味があったのか想像の域を出ないが、護符のような意味合いがあったと考えられる。破鏡や小型仿製鏡の出土状態と似ている。山陰や瀬戸内・畿内では分銅型土製品を用いる生活文化が下地にあったから、破鏡や小型仿製鏡を生活文化の道具として受け入れることができたのではなかろうか。

それは、西北部九州の鏡文化圏の価値観と異なる鏡の文化である。つまり威勢品あるいは「威信財」の意味合いをともなわない鏡の文化が各地に波及したのである。

それでも、甕棺文化圏とその近接地では鏡を副葬する文化が継続する。しかも九州島の北東部域を中心に拡大している。瀬戸内に面する豊前地域に鏡を副葬する墓が現れている。破鏡も用いられている。墓に副葬された破鏡や欠損品も完全な鏡と同じ効能を持っていたということであろうか。しかしながら、中部瀬戸内から東に伝わった鏡文化は、基本的に生活の中の鏡文化である。畿内地域に登場した鏡文化もまた同様である。この事実から目を背けるわけにはいかない。

その現象は庄内式並行期、卑弥呼の時代もほぼ同様であるが、北部九州の鏡文化で注意しておきたい事例がある。

福岡県内のこの時期に属する確かな事例で比較すると、糸島の平原1号墓1基で全体の三分の二の鏡を保有している。まさに圧倒的な独り占めである。埋葬にあたって、鏡の用い方にも新しい現象が生まれている。棺外に置いた例はそれまでにも若干例あったが、墓壙の四隅に鏡を打ち割って置いた形跡が認められる。鏡を割って分け持った破鏡の行為とは異質である。棺外であっても鏡を墓壙の四隅に置いたのは僻邪の結界線を設ける意識と見てもよい。しかし、その鏡を意図的に打ち割る行為は、鏡に付託した機能を破壊することでもある。

同じような行為は朝鮮半島の多鈕細文鏡末期段階に見られた。鏡だけでなく青銅器も二つ折りにしたり細かく割ったものがある。平原1号墓の行為がその流れを汲むというには時間の隔たりがあるが、似た発想で破砕された可能性はある。いずれにしても死者に手向ける威勢品の扱いには思えない。

鉄製品を折り曲げて副葬している事例は、弥生時代後期から前方後円墳時代にも実例がある。鏡を棺外に置いたことも含めて考えると、死者には使わせないだけでなく、使えないようにした意図があったのだろうか。同様に鏡を打ち割って副葬したと考えられる例は、瀬戸内地域にも認められる。兵庫県綾部山39号墳の画文帯神獣鏡は、竪穴式石槨内に散らばって出土している。徳島県萩原1号墓もその可能性がある。時期は前方後円墳時代初期に下るが、愛媛県妙見山古墳でも割った鏡の半分を裏返していた。

庄内式並行期の墳墓出土例は、畿内では河内2例、山城2例、大和ホケノ山古墳の1例ある。ホケノ山古墳を除いて、埋葬施設は組合せの箱形木棺直葬である。これが畿内地域の墓への副葬の始まりである。とはいえ、庄内式並行期の畿内の鏡文化の実態は、まだ生活の中の護符的な道具である。畿内の特定階層が鏡を「威信財」的な器物として占有する状況は見られない。畿内では、鏡はまだ威勢品の対象にもなっていないといえる。

このような鏡の文化を背景とする「大和のヒミコ」が魏王に鏡を切望するとは考えられない。大和のヒミコが鏡を掲げて衆を惑わすシーンなど、およそ思いつかない。大和の首長が鏡を権威の道具にするには、相当大きな転機が必要である。

第三節　前方後円墳時代の鏡

前方後円墳時代の鏡として扱うのは「鏡集成」に従って、箸墓古墳以降の墳墓から出土した鏡である。その中には、後漢王朝時代の鏡も多数含まれている。

「鏡集成」では、この時代を三期に分けて表記している。実年代の大雑把な目安として、前期は四世紀まで、中期は五世紀、後期は六～七世紀初としておく。この三区分も研究者によって微妙に異なっている。ここでは私見を交えず、各地の集成担当者の表記に従って、墳墓出土（伝聞等で推定されるものを含む）で時期をある程度特定できる根拠があるものを中心に扱う。その中には鏡の型式だけで時期が推定されているものがある。埋納時期の上限を示すにすぎないと考えるが、基本的に執筆者の記述に従った。

鏡の多数副葬は前方後円墳時代にも認められる。というよりも、前方後円墳時代に盛行する。奈良県桜井茶臼山古墳では、バラバラに砕かれた鏡片の分類から約80面の鏡が副葬されていたことがわかった。この古墳でこれまでわかっていた鏡は20面余なので、一挙に4倍になった計算である。墳長１５０ｍを超える王墓級の墓にどれほどの鏡が副葬されたのか想像を絶する。

日本ではこのクラスの墓の発掘例は極めて少ない。そのうえ、外見的に目立つ前方後円墳時代の墓は盗掘を受けていることが多い。そのため、伝聞を含めある程度の情報が得られた側面はあるものの、副葬遺物の種類や出土位置、数量など確かな根拠はない。その痕をいかに緻密に発掘しても、盗掘・攪乱された部分にどんなものがあったかはわからない。一度でも攪乱されている墓では、三角縁神獣鏡がなかったと断言できない。無論、あったとも断言できない。

例えば、宮崎県では１２０余点の鏡が出土しているが、前方後円墳時代出土と特定できる資料はその三分の一の約40面で、前方後円墳時代とされているものが30余面（所在不明18面）、残り40数面は詳細不明である。詳細不明の中には、高鍋町の持田古墳群出土と伝えられる「景初四年」銘を持つ盤龍鏡や京都府椿井大塚山古墳出土鏡と同型の三角縁神獣鏡も含まれている。正規の調査・記録を経ずに遺跡から離れてしまった遺物は、証言能力を大きく損ねてしまう典型といえる。以下に取り上げる数量的な検討でも、本来その墓にあった鏡の数がわからないものが多い。そういう重要なところでの曖昧さがあることを踏まえて、鏡の意味を考えたい。

表1～3はそれぞれ前方後円墳時代前・中・後期に属する鏡を、地域別、出土面数別にまとめたものである。面数は一つの墓からまとまって出土した鏡の数である。あわせて、三角縁神獣鏡が出土した墓の数と三角縁神獣鏡の数を記載したので見づらくなっているがご容赦願いたい。また、この表は現在までに一定の情報が得られたものをまとめたもので、現在も削除加筆を加えている途上の表であることをことわっておきたい。

地域区分の内訳は、東北は宮城県と福島県、北関東は茨城県・栃木県・群馬県、南関東は埼玉県・千葉県・東京都・神奈川県、中部1は山梨県・長野県・岐阜県の内陸部、東海は静岡県・愛知県、北陸は新潟県・石川県・福井県、近畿1は三重県・滋賀県、畿内は京都府南部山城地域・奈良県・大阪府・兵庫県摂津地域、山陰は京都府北部の丹前丹後地域・兵庫県北部但馬地域、鳥取県・島根県、北瀬戸内は兵庫県西部播磨地域・岡山県・広島県・山口県、南瀬戸内は和歌山県（3例）と兵庫県淡路（1例）を便宜的に含めて徳島県・香川県・愛媛県、東九州は福岡県東部豊前地域と大分県、北九州は福岡県筑前・筑後地域・佐賀県・長崎県、西南九州は熊本県・宮崎県・鹿児島県に区分した。中部1と東海、近畿1、山陰、東九州などは多少意識的に区分しているため、この数字がそのまま県単位の地域色に反映できない場合もある。

前期の鏡

前期の墳墓から出土している鏡は、２００９年に再発掘され現在整理中の奈良県桜井茶臼山古墳出土の約60面の増加分を除くと１３３０面で、６２０余基の埋葬施設から出土している。このうち、三角縁神獣鏡の総数は３９０面である。三角縁神獣鏡については、舶載鏡と仿製鏡＝倭製の評価は研究者によって異なっているが、ここでは一括して扱う。

ちなみに、「鏡集成」で仿製三角縁神獣鏡とされているものは67面ある。三角縁神獣鏡に続いて多い鏡は、弥生時代から普遍的に認められる内行花文鏡２２０面弱、神獣鏡と方格規矩鏡が90面前後ある。ほかに北部九州で作られた、いわゆる弥生小型仿製鏡仿製も前方後円墳時代に用いられている。鏡全体から見ても三角縁神獣鏡の占める数が圧倒している。その存在は無視できない。

日本列島を県単位で見て、この時期の鏡が出土しない地域がある。山形県・岩手県以北の地域や沖縄県である。また、高知県では弥生後期から庄内式にかけて三点の破鏡が出土しているものの、前方後円墳時代前期の鏡は1点である。

鏡が出土した前期の墓６２０余基のうち7割近い４２０基は鏡1面の出土例である。墓の数で見ると三分の二を占めるが、副葬鏡の数では三分の一に満たない。内行花文鏡が78面、三角縁神獣鏡が65面を占める。2面の鏡が出土した墓は99基あり、この二者で鏡副葬墓の８割以上を占める。残る１１０基弱のうち、３面出土例が33基、４面出土例が21基ある。

一方、１基の墓に5面以上副葬している例が52例、鏡の総数は５３０余面である。このうち10面以上の副葬は16例、福岡県一貴山（いきさん）銚子塚古墳（10面）、岡山県備前車塚古墳（13面）、愛知県東之宮古墳（11面）、岐

	墓の数		5面以上副葬		4面副葬		3面副葬		2面副葬		1面副葬	
	鏡の数	△縁		△縁		△縁		△縁		△縁		△縁
東　北	2	1					1	1	1			
	5	1					3	1	2			
北関東	31	6	2	2	2	1	1	1	4		22	2
	51	11	10	5	8	2	3	2	8		22	2
南関東	29	4	1	1	2				3	2	23	1
	42	4	5	1	8				6	2	23	1
中部1	44	13	5	3	3		4	3	6	2	26	5
	101	17	39	5	12		12	4	12	3	26	5
東　海	34	18	4	3	1	1	3	2	7	4	19	8
	73	25	27	7	4	2	9	4	14	4	19	8
北　陸	17	2	1						3	2	13	0
	25	4	6						6	4	13	0
近畿1	28	11	3	2	1	1	3	2	6	3	15	3
	55	19	15	6	4	2	9	4	12	4	15	3
畿　内	119	43	25	22	7	5	12	3	17	5	58	8
	504	188	348	158	28	11	36	5	34	6	58	8
山　陰	73	16	3	3			2	1	9	3	59	9
	102	20	19	7			6	1	18	3	59	9
北瀬戸内	77	21	4	4	3	3	3	1	17	5	50	9
	135	44	30	24	12	7	9	2	34	7	50	9
南瀬戸内	79	10			2	1	1		14	3	62	6
	101	13			8	3	3		28	4	62	6
東九州	14	5	2	2			1	1	2	1	9	1
	30	15	14	12			3	1	4	1	9	1
北九州	67	16	3	3			1	1	9	2	54	10
	98	26	23	11			3	3	18	2	54	10
西南九州	11	3					1		1		9	3
	14	3					3		2		9	3
総　計	625	170	53	45	21	12	33	16	99	32	419	65
	1336	390	536	236	84	27	99	27	198	40	419	65

表1　前方後円墳時代前期鏡出土一覧　△縁＝三角縁神獣鏡

阜県親ヶ谷古墳（15面）以外は畿内の墓である。20面以上を副葬した7例はすべて大和および隣接地の山城と河内にある。この時期の鏡の文化が畿内、とりわけ大和を中心にした文化と考えるのは自然なところである。

中期の鏡

中期の墳墓で出土している鏡は８５６面、６０６基の埋葬施設から出土している。

表中の数値と違っているのは、高知県で江戸時代出土と伝えられ、いまは所在不明の１例と曽我山前方後円墳出土の２面および山形県下小松古墳群出土の１例１面を数えているためである。下小松古墳群は福島県に接する地域にあり、前方後円墳時代中期になって鏡の文化が波及したようである。新潟県も中期になって鏡の出土例が確認される。鏡の分布範囲が広がる一方、全体として鏡の出土面数は５００面近く減っている。しかし、鏡を副葬した墓の数は、それほど減ってはいない。前期の鏡との比較で見ると、内行花文鏡が93面、神獣鏡69面、方格規矩鏡47面、ホケノ山古墳や黒宮大塚古墳の棺内に納められていた画文帯神獣鏡40面が続く。三角縁神獣鏡はわずか20面である。三角縁神獣鏡が担った役割が変化したことを示唆している。

鏡式不明の91面を除き、残り４９０面のうち少なくとも４４０面ほどは、研究者の見解が一致している倭鏡である。倭鏡のなかには鏡の縁に鈴を付けた鈴鏡（れいきょう）と呼ばれる鏡22面が含まれている。鈴鏡の分布の中心は関東地域にある。

5面以上の副葬例は13例、10面以上の副葬例は3例で、岡山県鶴山丸山古墳の33面が突出し、次に和歌山県大谷古墳の14面、奈良県室宮山古墳12面である。

鏡1面の副葬例は４８２例あり、内行花文鏡59面、神獣鏡34面、方格規矩鏡22面、画文帯神獣鏡18面が続き、三角縁神獣鏡は7面である。２面副葬は86例あり、神獣鏡が21例21面、内行花文鏡が15例17面、三角縁神獣

	墓の数		5面以上副葬		4面副葬		3面副葬		2面副葬		1面副葬	
	鏡の数	△縁		△縁		△縁		△縁		△縁		△縁
東北	6										6	
	6										6	
北関東	25		1		2		1		2		19	
	40		6		8		3		4		19	
南関東	27				1				2		24	
	32				4				4		24	
中部1	30	1			1				4		25	1
	37	1			4				8		25	1
東海	55	2					3	1	10		42	1
	71	3					9	2	20		42	1
北陸	27				2				6		19	
	39				8				12		19	
近畿1	22						2		4		16	
	30						6		8		16	
畿内	113	6	4	1	1	1	6		22	1	80	3
	178	8	32	3	4	1	18		44	1	80	3
山陰	41						1		5		35	
	48						3		10		35	
北瀬戸内	95	4	3	1	1		2	1	12		77	2
	156	7	45	4	4		6	1	24		77	2
南瀬戸内	35		1						4		30	
	52		14						8		30	
東九州	18						1		3		14	
	23						3		6		14	
北九州	71	1	1		1		1		8		60	1
	90	1	7		4		3		16		60	1
西南九州	41		1						4		36	
	50		6						8		36	
総計	606	14	11	2	9	1	17	2	86	1	483	8
	852	20	110	7	36	1	51	3	172	1	483	8

表2　前方後円墳時代中期鏡出土一覧　△縁＝三角縁神獣鏡

鏡は1面である。3面副葬は16例、4面副葬は7例あり、両者あわせて鏡種別に見ると、神獣鏡は6例6面、内行花文鏡は5例6面、三角縁神獣鏡は3例4面である。同種の鏡を複数副葬している例は11あり、静岡県上平川大塚前方後円墳では三角縁神獣鏡2面を副葬している。

5面以上の副葬は13例121面ある。方格規矩鏡が4例12面、内行花文鏡が5例11面、三角縁神獣鏡3例8面、画文帯神獣鏡6例8面、神獣鏡3例8面である。同種の鏡を複数副葬している墓は12例で、京都府久津川車塚前方後円墳と奈良県室宮山前方後円墳は三角縁神獣鏡2面を副葬している。岡山県鶴山丸山円墳では4面の三角縁神獣鏡を副葬しており、これが最多の副葬例である。5面以上同種の鏡を用いている例では、和歌山県大谷前方後円墳で文様のない素文鏡9面と鈴鏡5面の副葬があり、鶴山丸山円墳では内行花文鏡6面、方格規矩鏡7面を副葬している。

後期の鏡

後期の墓から出土した鏡は484例、544面ある。5面以上の副葬例はない。中期に比べ墓の数は8割となり、鏡の数は三分の二以下に減っている。中期の後半から新しく作られる鈴鏡が、この時期では関東地方を中心に61面出土している。表には現れていないが、山形市お花山古墳群で2例2面倭鏡が出土している。鏡の分布域は中期とほぼ同じであるが、中期までは畿内以西の地域よりも出土量が下回っていた東海・関東地域で相対的に鏡を伴う墓が増えている。大きな変化といえる。

1面の副葬が437例で全体の90％を超える。神獣鏡が23面、内行花文鏡が20面、画文帯神獣鏡が11面、方格規矩鏡が10面で、大半は倭鏡である。三角縁神獣鏡は千葉県城山一号前方後円墳と大阪府将軍塚古墳出土と伝えられる2例である。2面の副葬が35例、3面の副葬が7例、4面の副葬が4例ある。鏡を副葬して

	墓の数		5面以上副葬		4面副葬		3面副葬		2面副葬		1面副葬	
	鏡の数	△縁		△縁		△縁		△縁		△縁		△縁
東 北	8								1		7	
	9								2		7	
北関東	56				1				5		50	
	64				4				10		50	
南関東	34	1							6		28	1
	40	1							12		28	1
中部1	71				1				2		68	
	76				4				4		68	
東 海	52								4		48	
	56								8		48	
北 陸	16								1		15	
	17								2		15	
近畿1	22	1					2		4		16	
	30	1					6		8		16	
畿 内	33				1		3		3		26	1
	45				4		9		6		26	1
山 陰	29								1		28	
	30								2		28	
北瀬戸内	45								4		41	
	49								8		41	
南瀬戸内	36										36	
	36										36	
東九州	9										9	
	9										9	
北九州	41				1		1		4		35	
	50				4		3		8		35	
西南九州	25						1				24	
	27						3				24	
総 計	477	2			4		7		35		431	
	538	2			16		21		70		431	

表3　前方後円墳時代後期鏡出土一覧　△縁＝三角縁神獣鏡

いる墓は横穴または横穴式石室が多く、とくに鏡を複数出土している墓は規模の大きな横穴式石室墳が圧倒的に多い。奈良県藤の木古墳では一つの石棺に二人が葬られ、２面の画文帯神獣鏡を含む４面の鏡が出土している。

鏡副葬の変化を読む

以上が古墳時代の墳墓に伴った鏡の量的推移である。時期的な推移と照らし合わせながら、鏡の用い方の変化を読み取ることにしよう。

前方後円墳時代の鏡文化は、数量的な面から見れば前期に中心がある。中・後期をあわせた総量に匹敵する量の鏡が用いられている。１基１面の副葬事例は、各時期をとおして大きな変化は見られない。２面副葬は前期と中期は大きな差はないが、後期は中期の二分の一以下に減っている。３・４面副葬では、中期は前期の二分の一以下に、後期はさらにその半数以下になる。５面以上の副葬例も中期は前期の三分の一以下になり、後期は皆無である。出土量は鏡の大量副葬と相関性があり、しかも大量副葬と三角縁神獣鏡が深く関わっているのは確かである。その点を少し詳しく検討しよう。

三角縁神獣鏡総数３９０面のうち３２７面は複数副葬の墓から出土している。５面以上の副葬44例中で三角縁神獣鏡を複数用いている例が35例ある。三角縁神獣鏡を33面副葬していた椿井大塚山古墳や黒塚古墳は別格としても、三角縁神獣鏡を5面以上持つか副葬鏡面数の過半数を占めている例が22例ある。単数副葬に用いられた三角縁神獣鏡は63面、三角縁神獣鏡総数の16％弱に対し5面以上の副葬で用いられた三角縁神獣鏡は２３１面、60％弱を占める。ちなみに5面以上副葬した５３１面が副葬鏡全体に占める割合は約40％である。

前期に用いられた鏡で三角縁神獣鏡に次いで出土量が多い内行花文鏡は、2面以下の副葬例では三角縁神獣鏡とほぼ拮抗している。ところが3ないし4面の副葬例になると、三角縁神獣鏡は内行花文鏡の倍、5面以上の副葬例ではほぼ3倍使用されている。母数が100に満たない比率論は好まないが、表1の下段2行分を右から左へ三角縁神獣鏡を伴う墓と鏡面数の比率を見ていくと、副葬面数が増えるほど三角縁神獣鏡の占める割合が高くなっている。三角縁神獣鏡は大量副葬のために用意された可能性が高い。この現象をどのように解釈するかは、意見が分かれるところである。ただ、三角縁神獣鏡を葬式用の鏡と単純に決めつけるわけにはいかない。

三角縁神獣鏡は表に記載した全域に分布している。これをもう少し小さな県単位で見ると、東北地域では宮城県、北関東地域では栃木県、南関東では東京都、北陸では新潟県・富山県、南瀬戸内として四国4県から除外した高知県、西南九州地域の鹿児島県ではまだ確認されていない。いずれも大和からは遠い地域である。関東以北と北陸、西南九州では北関東の11面を除くと出土数も数面である。北関東の出土例は群馬県に集中している。

三角縁神獣鏡の分布は畿内地域が突出しており、全出土量の47%強を占める。次いで北瀬戸内の12%、6%強の北部九州と東海がこれに続いている。畿内の中では奈良県の出土量が80面で多いが、京都山城地域も61面出土している。これは奈良県境近くの木津川沿いにある椿井大塚山古墳から出土した33面が影響している。木津川が淀川と合流する北岸の長岡京市南原古墳、南岸の八幡西車塚古墳、その下流の高槻市弁天山C1号墳と紫金山古墳、枚方市万年山古墳など三角縁神獣鏡が出土する前方後円墳が点在している。大和の北の交通路沿いに三角縁神獣鏡が分布している。

ともかく、三角縁神獣鏡がこの時期の畿内の勢力と深く関わっていることは確かである。もし三角縁神獣鏡やそのほかの鏡がヤマト王権から配布されたのであれば、鏡を多量に副葬（所有）できた人ほどヤマト王権との関わりが深く、三角縁神獣鏡を入手する機会も多かったであろう。

しかし、多量副葬墓の中に三角縁神獣鏡を持っていない墓や、ほかの鏡より圧倒的に少ない例がある。岐阜県親ケ谷古墳は15面のうち内行花文鏡以外の14面は鏡種不明。１８７０年代の出土品で、いまは鏡の所在も不明という。この例は保留するとしても、奈良県丸塚古墳は総14面のうち内行花文鏡が7面あるものの、三角縁神獣鏡はない。同県天神山古墳では23面のうち方格規矩鏡6面に対し三角縁神獣鏡は2面、同県新山古墳では34面のうち内行花文鏡14面に対し三角縁神獣鏡は9面、大阪府御旅山古墳では22面のうち内行花文鏡が14面、三角縁神獣鏡4面である。奈良県では9面副葬のマエ塚古墳にも三角縁神獣鏡がない。いずれも前期の後半に属する墳墓である。

先の表では読み取ることができないが、奈良県の三角縁神獣鏡の副葬には他地域と比べ、もうひとつの際立った特徴がある。

奈良県（大和）では、鏡1面副葬19例のうち三角縁神獣鏡を用いたのは1例である。2面の副葬例はなく、3面副葬5例のうち1例1面である。つまり、少数副葬には基本的に用いなかった鏡といえる。ところが22面以上副葬の5例で計67面の三角縁神獣鏡が出土している。天神山古墳は2面しか出土していないので、実質的には4基で奈良県全体の8割以上の三角縁神獣鏡を占有していることになる。同じ畿内であっても大和の中では、三角縁神獣鏡は多量副葬の習慣と深く関わっていたと考えるのが自然であろう。

畿内では大和の室宮山古墳、山城の久津川車塚古墳が、その最後の使用例である。大阪（河内）では、ほぼ同じ頃の津堂城山古墳の8面の鏡に三角縁神獣鏡はない。全長２００ｍクラスの大王墓が大和から河内に移る頃であり、畿内の鏡の多量副葬習慣が消滅する時期にあたる。三角縁神獣鏡が担っていた役割が不要になったからであろう。それは決して威信材という役割ではない。

鏡の大量副葬の習慣が不要になる、ひいては三角縁神獣鏡が不要になる要因が何だったのか、次章で別の側面から検討することにしよう。そのために、三角縁神獣鏡の副葬開始期、言い換えれば多量副葬の始まりと三角縁神獣鏡の使用形態に対する検討をしたい。それは、三角縁神獣鏡だけでなく畿内における鏡の使用法とその開始の由来に深く関わると考えるからである。

第三章　前方後円墳の成立と展開

第一節　前方後円墳の成立過程

鏡と並んでヤマト王権のもう一つの象徴とされているのが、前方後円墳である。日本列島にある、いわゆる「古墳」は20万基とも40万基とも推定されているが、正確な数はわかっていない。

そのうち前方後円墳は約３８００基あり、墳丘長１６０ｍ以上の超大型墳墓が58基、１００～１６０ｍの大型墳墓が約２４０基ある。前方後方墳は約４５０基あるが、墳丘長１００ｍを超えるのは数基である。１００ｍを超える円墳や方墳はきわめて少ない。１６０（畿内では実質１８０）ｍを超える前方後円墳は畿内地域に42基あり、その集中度は極めて高い。その点では前方後円墳が畿内を中心に展開していると考えるのは自然である。

だからといって、前方後円墳が大和で発生し、ヤマト王権の主導によって、墳丘の形の格付けとともに各地に広がったといえるわけではない。前方後円墳と前方後方墳は、その前史である周溝墓や区画墓の形の違いを反映した地域色的側面もある。周溝墓が普及していない山陰地域などでは独自の墓制が認められる。

前方後円（方）墳の成立過程

大規模で整った形の最初の前方後円墳は、箸墓古墳（２８０ｍ）や奈良県中山大塚古墳（１２０ｍ）であることについて異論の余地はない。

箸墓古墳の埋葬の様相は不明である。その実態が明らかになることは当分期待できないが、同時期の中山大塚古墳など参考にすると、竪穴式石槨や割竹形木棺を持ち、土器を用いた祭祀行為や鏡や鉄器の副葬が行なわれていることなどが想定される。これらの諸要素のうち、弥生時代後期後半から庄内式並行期の大和で確実に認められるのは土器を用いた行為だけである。現状では、その多くが瀬戸内地域で大和地域より古い段階に出現している。

墳墓上で行なわれた土器祭祀の痕跡は広く各地に認められる。しかし、後の円筒埴輪の起源になる特殊器台・特殊壷は、大和あるいは畿内の弥生時代墳墓祭祀には認められない。特殊器台・特殊壷は、吉備地域で成立し展開している。岡山県楯築（たてつき）墳丘墓や立坂墳丘墓の特殊器台はその最古段階のものである。立坂遺跡ではホケノ山の規模には遠く及ばないものの、石囲い木槨と呼ばれる特異な埋葬施設が確認されている。ほぼ同時期の黒宮大塚も初期の特殊器台を用いている。その埋葬施設は竪穴式石槨である。石槨上面に置かれた数十点の土器が石槨内に落ち込んでいることから、木の蓋をしていたと考えられる。竪穴式石槨の系譜はまだ明らかになっていないが、瀬戸内地域でいち早く始まっている。割竹形木棺の痕跡も岡山県女男岩遺跡などで確認されている。墓に鏡を副葬する行為も畿内地域よりも先に瀬戸内各地域で行なわれている。

前方後円墳の起源論については諸説ある。

前方部祭壇説や古式の前方後円墳がしばしば細い尾根を削って作られていることに着目した丘尾切断説、前方部にも埋葬施設があることに着目した円墳と方墳の合体説、死と再生という観点から子宮をイメージさせる壷型土器を象ったという説などがある。

これらの説は突然変異的な現象の一面を解釈したもので、いささか説得力に欠ける。現状で最も説得力があるのは、弥生時代の墳墓に付けられていた通路が発達して前方部になったという都出比呂志氏の解釈（都出／1979年「前方後円墳出現期の社会」『考古学研究』二六巻三号、二〇〇五年　前出2005年）であろう。弥生時代の方形周溝墓は一～四隅で溝が途切れ、円形周溝墓でも一～二カ所で溝が途切れている場合が多い。その途切れ部付近では、しばしば土器が溝内に落ち込んだ状態で発見される。氏はこれを墓域内に入る通路（陸橋）と考え、その付近で出土する土器群を、墳墓祭祀を行なった痕と解釈した。具体例を見ることにしよう。

周溝墓の溝の一部が途切れて通路状の開口部を持つのは、弥生前期後半から瀬戸内地域の周溝墓で確認することができる。周溝墓が東海地域以東に波及したとき、この通路状の形跡も波及している。墓域の区画は溝を掘る以外に盛土をする方法や、周囲の地面を削り落として台形の区画を造ったものがある。これを台状墓と呼んで周溝墓と区別する解釈もある。基本的には墓域を明確にするための手法の違いと私は考えるので、周溝墓も含めて区画墓と大別したい。区画墓の形は地域差がある。とくに山陰地域は独特の墓制を形作っている。墓域の区画方法が異なっていても、墓作りの考え方は弥生文化が及んだ各地の倭人社会に普遍的に広がったと思われる。

山陰の方形区画墓では、弥生中期後半から後期前半にかけて四隅の通路が発達して突出部を形成する様子がうかがえる（藤田／２０１０年『山陰弥生墳丘墓の研究』日本出版ネットワーク）。島根県と鳥取県・広島県山間部、京都府北部地域では、弥生中期（前二～一世紀）に長方形の墳丘の四つの斜面に石を貼り付けた独特の墓が築かれている。墳丘裾に斜面の貼石と異なる小ぶりの石を立て並べて縁取りをした墓もある。山陰中部の貼石区画墓では、その四つのコーナーに斜面の貼石と異なる平石が数個置かれている。墳丘の裾を区画する石列はこの石の先端近くで途切れている。周溝墓の陸橋と同じ通路である。現代的にいえば、貼石区画墓隅の置き石は舗装した道、周溝墓は未舗装の道である。置き石の先端から未舗装の道となり、墳丘外につながった状態である。この踏み石が後期（一世紀）には墳丘斜面の貼石末端に設けられた石列で囲われ、閉じられた通路（突出部）となる（図28の1、2）。

この形の墳墓は四隅突出型墳丘墓と呼ばれている。突出部を除丘墓では墳丘の高さが５ｍ近いものがある。

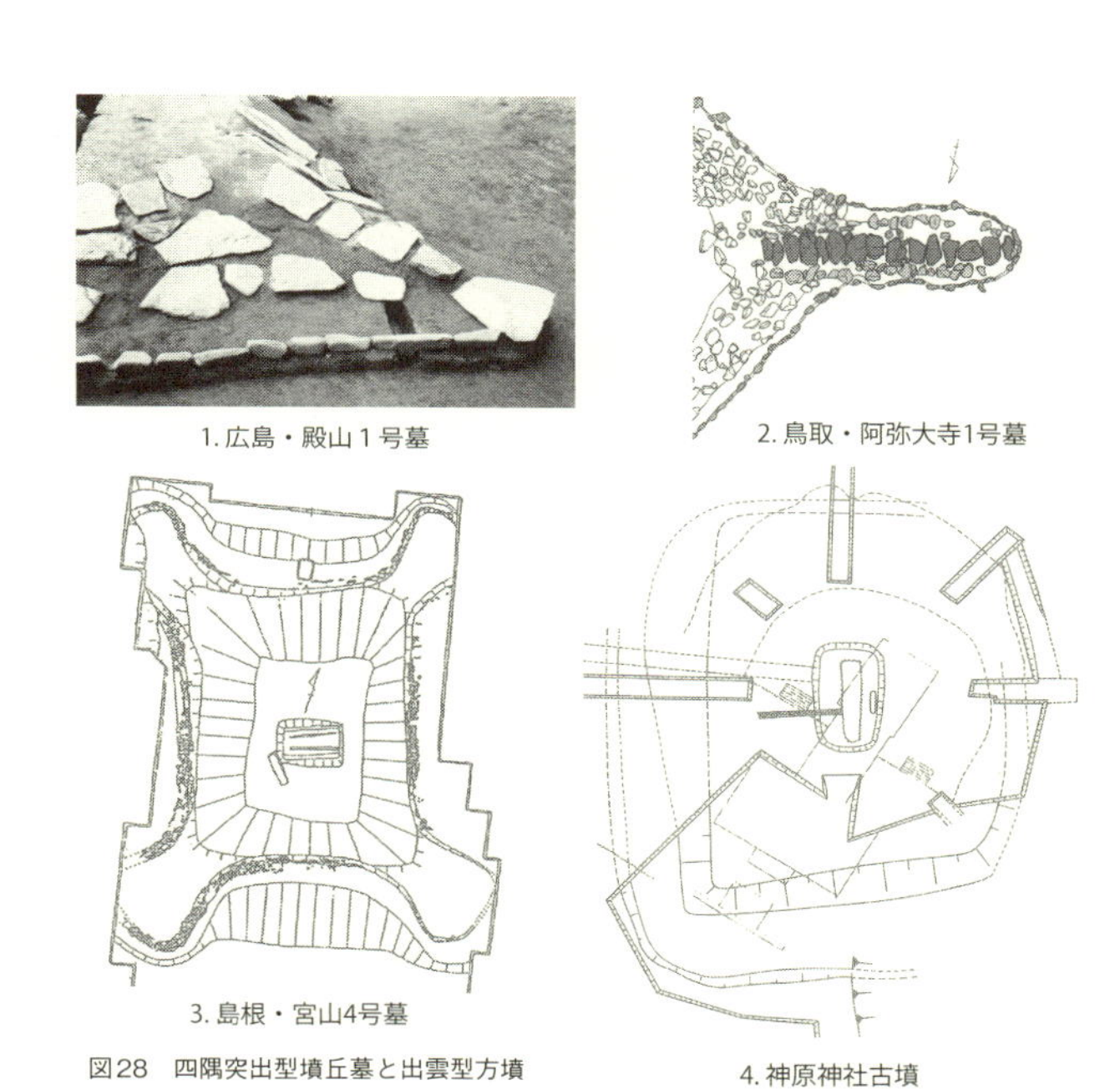
1. 広島・殿山1号墓
2. 鳥取・阿弥大寺1号墓
3. 島根・宮山4号墓
4. 神原神社古墳
図28　四隅突出型墳丘墓と出雲型方墳

後期後半（二世紀）にはその突出部が肥大化するが、突出部は墳丘裾の一部にすぎず、低いままである。前方後円墳の前方部のような墳丘の一部になることはなかった。他地域よりもいち早く通路から突出部への変化を達成しながら、山陰の四隅突出型墳丘墓が四隅突出墓のまま衰退していく所以でもある。その名残は前方後円墳時代になってもかなりの期間継続する。

ちなみに、景初三年銘三角縁神獣鏡が出土した神原神社古墳は、四隅突出型墳丘墓の名残をとどめた方墳の可能性が高い。私はこれを出雲型方墳と呼んでいる。

周溝墓では、開かれた通路から閉じられた通路（突出部）への変化が四隅突出型墳丘墓よりも遅れて始まるが、墳墓に対するこうした考え方は、一定の情報を共有しつつ各地の倭人集団の中で個別に醸成されていった意識と考えておきたい。周溝墓が普及していた地域では、二世紀末の後期後半以降＝土器型式でいえば庄内式並行期頃、周溝墓にあった溝の途切れ（陸橋）が次第に外側に伸び、さらに通路の先端が周溝で区切られて突出部が完成する。多くの周溝墓はある程度の墳丘を持っていたと推定されるが、相対的に高さが低い。そのため前方部状の突出部も墳丘の一部として埋葬施設がある後円（方）部とともに次第に高さを増し、前方後方墳型の墳墓が生まれる。開かれた段階の通路の上や溝のくびれ部付近で祭祀に使われたと思われる土器も出土する。

前方後円墳はこの時期、円形周溝墓や円形基調の墳丘を持った区画墓が分布していた瀬戸内地域でその形成過程が認められる。香川県森広遺跡・尾崎西遺跡・空港跡地遺跡で円形周溝墓から突出部が形成されて前方後円形に変遷する過程をたどることができる（図29）。香川県鶴尾神社4号墳はその完成型で、撥型に開く前方部と長大な竪穴式石槨を持つ（図30の4）。盛土ではなく安山岩を集めて墳丘を作った積石塚である。長い竪穴式石槨に方格規矩鏡を副葬していた。

この積石塚の起源はまだ謎であるが、尾崎西遺跡（図29の2）では周溝内に大量の礫が落ち込んでいた。

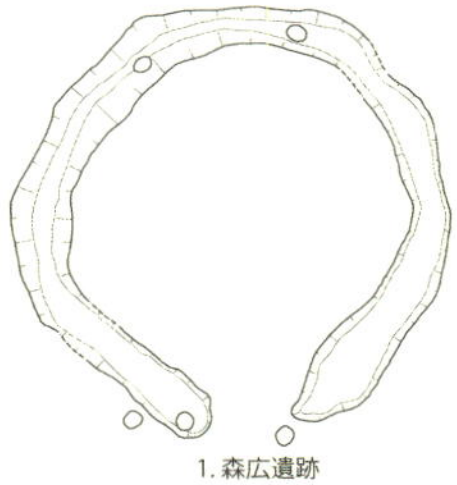

1. 森広遺跡

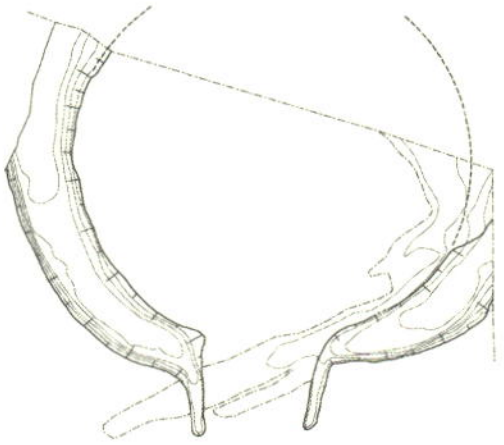

2. 尾崎西遺跡

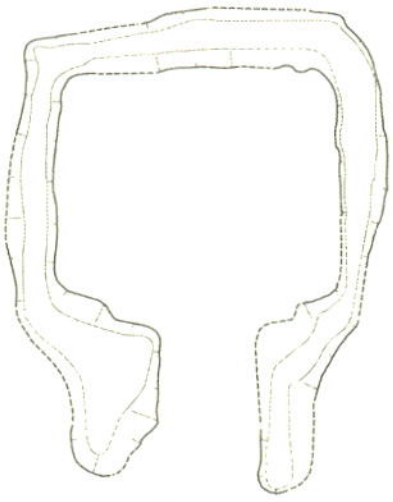

3. 空港跡地遺跡

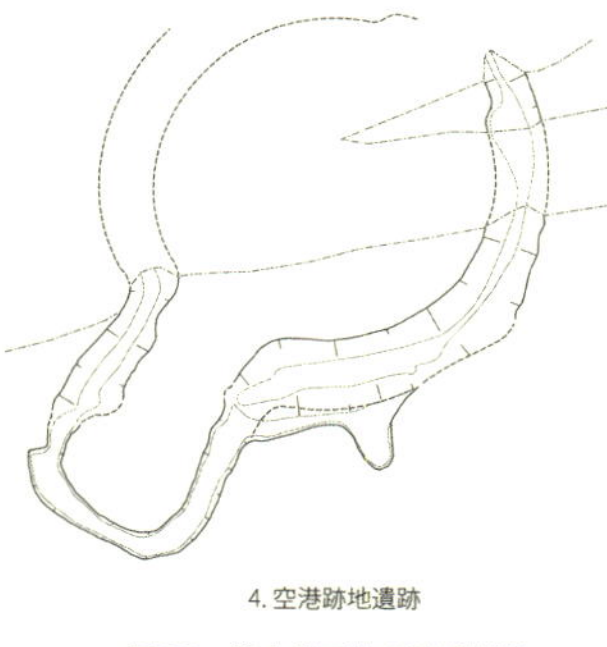

4. 空港跡地遺跡

図29　前方後円墳の形成過程

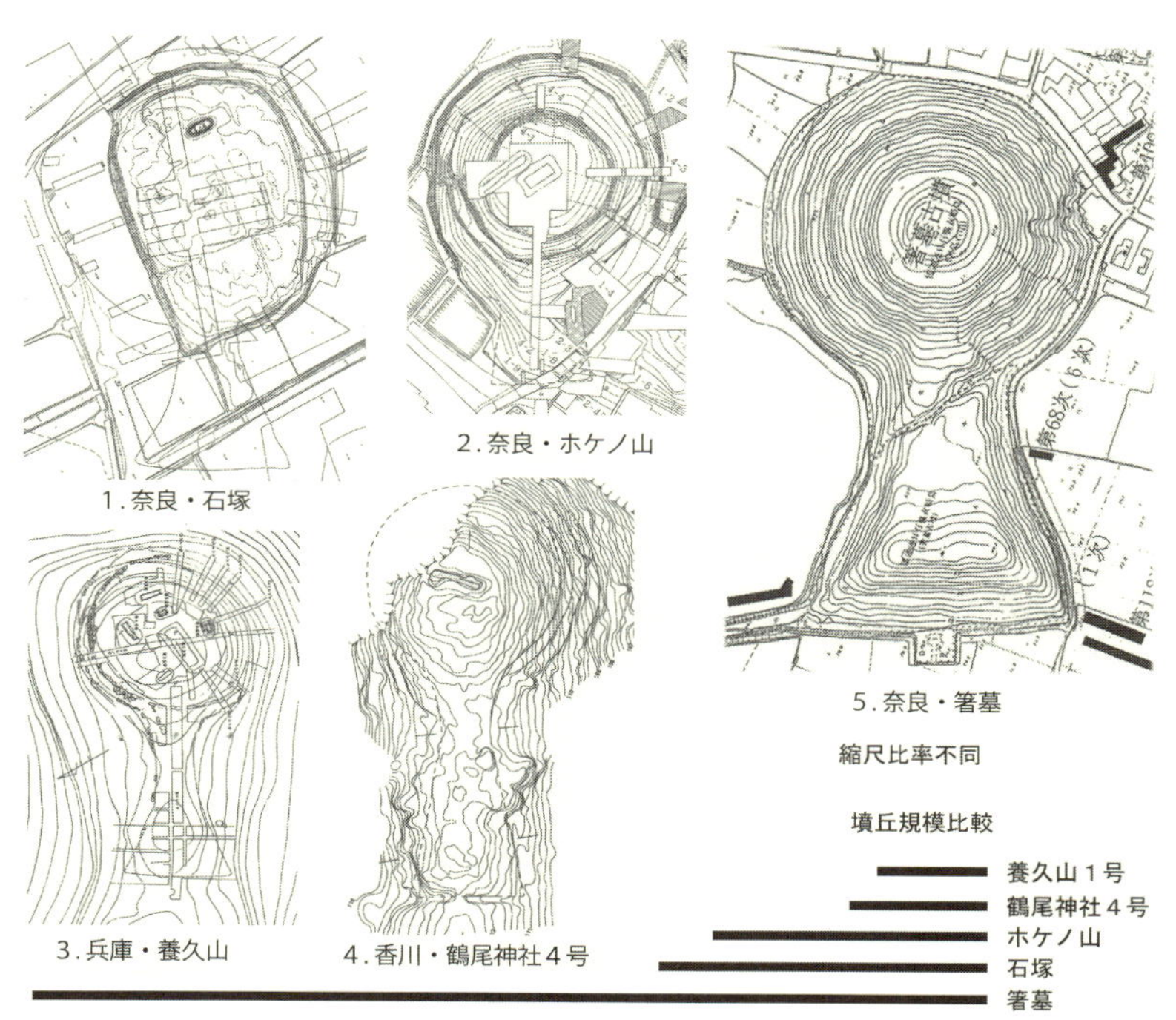

図30　初期前方後円墳の形

墳丘に石が置かれていた可能性がある。鶴尾神社４号墳がある高松市石清尾山には四世紀末頃まで数多くの積石塚が築かれている。徳島県萩原1号墓も墳丘裾を石で区画し、墳丘内に礫を敷き詰めた特異な構造である。

また、空港跡地遺跡の前方後円墳形周溝墓（図29の４）には小さいながらも二つ目の突出部が認められる。香川県には三角縁神獣鏡を伴う積石塚の石清山猫塚古墳が双方中円墳である。双方中円墳もまた前方後円墳の原初的形態の一つといえそうである。

対岸の岡山県・兵庫県の西部地域でも断片的ながら変遷過程をたどることができる。初期の特殊器台・特殊壷をともなう二世紀後半の岡山県楯築墳丘墓は、楕円形の墳丘に双方向の突出部を持つ。次の庄内式並行期段階に宮山前方後円墳が築かれている。木蓋と想定される竪穴式石槨から飛禽鏡（ひきんきょう）が1面出土している。兵庫県西部でも原田中遺跡で円形区画墓に小さな突出部を持つ墓が築かれ、次に方形区画墓の対辺に通路状の突出部を持つ双方中方墳のような養久山5号墓が登場し、続いて養久山1号前方後円墳が築かれている（図30の3）。細長い撥型の前方部を持ち、6基ある埋葬施設の中央の竪穴式石槨から四獣鏡が1面出土している。前方後円墳は円形区画墓があった地域のみで円形区画墓からの変遷過程をたどることができ、その地域では竪穴式石槨も大和より早い時期から用いられている。

前方後方墳は東海地域で始まり各地に波及したという説があるが、愛知県で先行的に築かれ、完成型が各地に波及したわけではない。方形周溝墓の溝の途切れが通路状に明確化され、ついにはその通路が溝で閉ざされる過程を、滋賀県の事例（図31）で佐伯英樹氏が明らかにしている（佐伯英樹／1999年「前方後方形周溝墓」『滋賀考古』21号）。方形周溝墓が分布している多くの地域では、時間的な差はあるものの、同様な発展過程が認められる。畿内地域でも八尾南遺跡ほかで前方後方墳の成立過程を追うことができる。八尾南遺跡では拡大した通路部に土器が据えられていた。小路遺跡では前方後方形のくびれ部付近の周溝内から土器が出土している。都出氏の想定どおりの祭祀の痕跡である。

前方後方墳は、いわば方形周溝墓の最終到達型の墳墓である。方形周溝墓が主流であった各地で前方後円墳が出現する前から築かれており、出雲地域を除き、前方後円墳と入れ替わるように四世紀末には基本的に姿を消す。私はこの推移を、弥生時代から続いた伝統的な埋葬習俗が地域ごとに時間差をもって途絶えていく過程と解釈している。

初期の前方後円墳でも墳頂部やくびれ部付近で土器祭祀が行なわれている。弥生型埋葬習俗の残影といえる。四〜五世紀代の前方後円墳には、くびれ部付近に造り出しが設けられているものがある。そこで形象埴

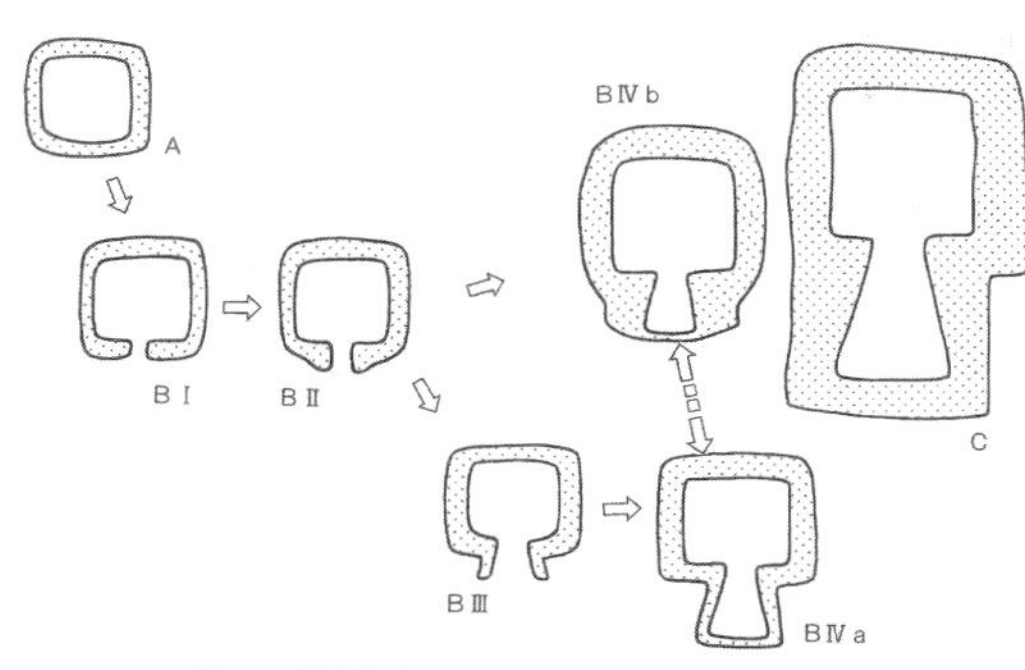

図31　前方後方墳の形成過程（佐伯1999より）

輪を用いた祭祀が行なわれている。これも形を変えた弥生型墳墓祭祀の遺制と見てよいであろう。

奈良県では庄内式並行期から布留０式段階にかけて、纏向地域で石塚古墳や勝山古墳・ホケノ山古墳など１００ｍ弱の大きな規模の前方後円墳が相次いで築かれている。しかし、その前段階の前方後円形の墳墓が形作られる過程はまったく不明である。纏向地域で突如大規模な前方後円墳が出現しているのが実情といえる。ただし、隣接する大阪府下で前方後方墳成立の変遷過程をたどることができることから、前方部を持つ墳墓を造る土台がこの地域にもあったことは確かであろう。それでも、初期前方後円墳の特徴の一つである竪穴式石槨の系譜や特殊器台の系譜をたどることはできない。鏡や鉄器の副葬もホケノ山古墳が奈良県最古の事例である。ともかく、前方後円墳の原型は、瀬戸内地域の倭人集団の中で形成された蓋然性がきわめて高い。大和に築かれた最初の定型的な巨大前方後円墳は、瀬戸内各地集団の埋葬文化との関わりがなければ達成できなかったと見るべきであろう。鏡の文化だけでなく、前方後円墳の文化も東進している。

第二節　前方後円墳の展開と画期

大和で大型化と定型化を成し遂げた前方後円墳は、どのように各地に展開したのか。『集成』では、前方後円墳時代を10期に区分している。本書の三期区分に合わせると若干の齟齬が生じるが、Ⅰ期からⅣ期までが前期、Ⅴ期からⅦ期が中期、Ⅷ期からⅩ期がおおむね後期に相当する。『集成』では三角縁神獣鏡を伴う墓の多くをⅠ期の墓として分類している。

次節で触れるが、三角縁神獣鏡の確実な副葬開始期は布留1式を遡らない。これを庄内式並行期や布留0式期と一括すると、Ⅰ期だけが非常に長い時間幅を持つことになる。

それを覚悟したうえで、できるだけ私見を交えず『集成』の編年にしたがって作成した分布図を見ることにしよう。

Ⅰ期（図32）に属する前方後円墳は45基、前方後方墳は64基ある。この図から三角縁神獣鏡を副葬した墳墓を除くと、最古段階の前方後円墳の数はほぼ半数になる。その分布域は、定形化前方後円墳の創出に関わった瀬戸内と大和にほぼ限定される。その中で出雲地域から丹後地域にわたる山陰では、方形基調の弥生墓を築いていた地域にも関わらず、前方後円墳時代初期の前方後方墳も前方後円墳も認められない。四隅突出型墳丘墓など別の墓作りの思想が働いていたためであろう。さらに出雲地域では前方後円墳時代前期段階をとおして、四隅突出型墳丘墓の流れを汲んだ出雲型方墳が主流になっている。

前方後円墳が後方墳の数を完全に凌ぐようになる時期はⅢ期段階からで、Ⅳ期を境に出雲地域以外では前方後円墳と入れ替わるように前方後方墳はすたれる。出雲地域でⅣ期までに築造された前方後方墳は、松本1号・3号墳などわずか数基で、前方後円墳の数はさらに少ない。この地域で前方後円墳が急増するのは五世紀後半以降のことである。出雲を除く各地で見られる前方後円墳と前方後方墳の交替現象は、墳形階層論では解釈できない。弥生型墓制の終焉ととらえるほうが合理的であろう。

四世紀後半から五世紀にかけて、前方後円墳分布に大きな変化が見られる（図33）。西北部九州や島根県、愛知県などを除く各地で、その地域最大の前方後円墳が築かれている。岡山県ではⅠ期以来、墳長100m超級の大形前方後円墳が継続的に築かれていたが、Ⅴ期の墳長約350mの造山古墳に続き、Ⅵ期に墳長約270mの作山古墳、Ⅶ期ないしⅧ期に大型周濠を伴う墳長約180mの両宮山古墳が築かれる。

日本海側の京都府北部丹後地域では墳長200m近い網野銚子山古墳と明神山古墳が海岸近くの丘の上に築かれている。宮崎県では男佐穂塚・女佐穂塚古墳が築かれ、

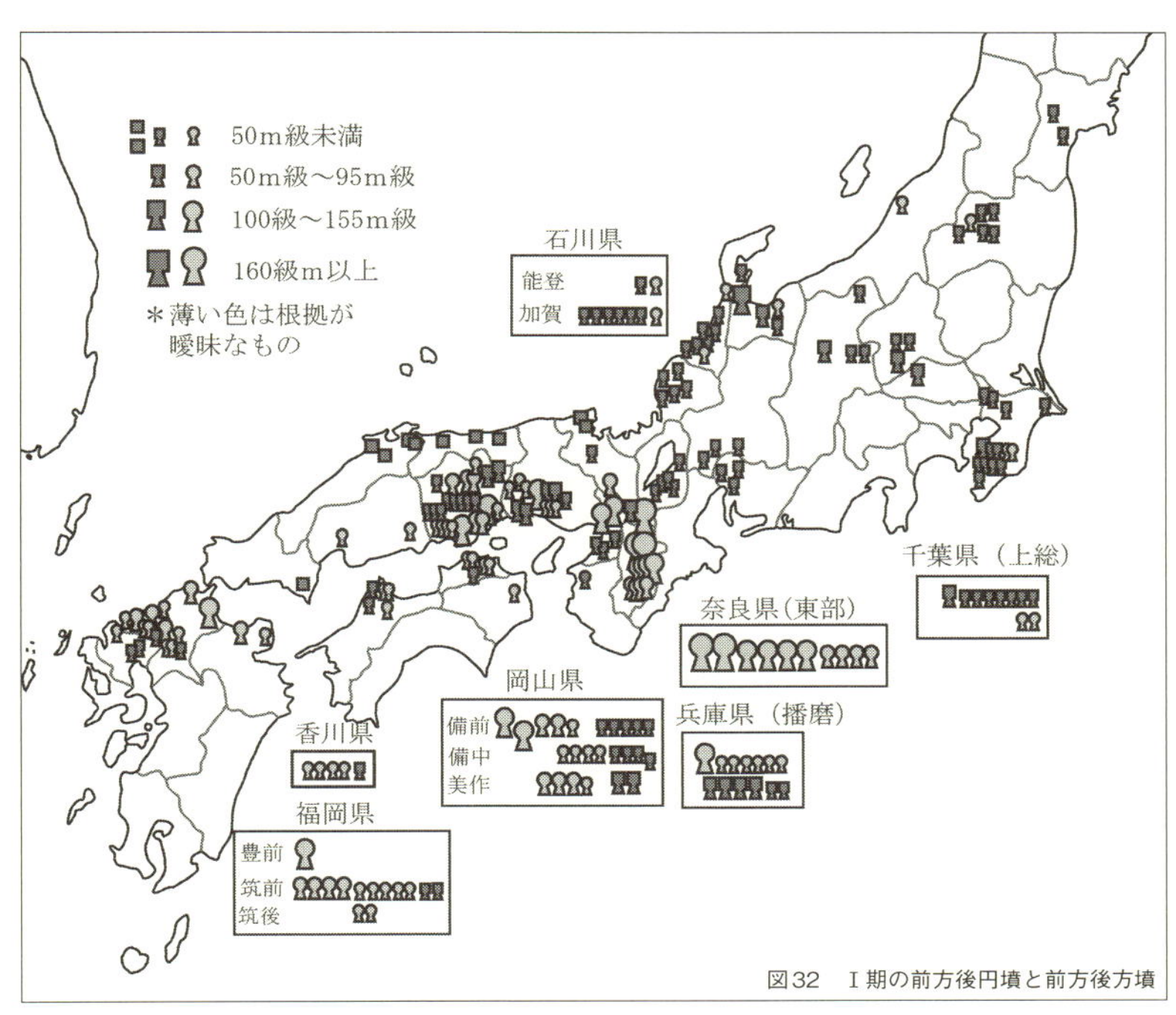

図32　Ⅰ期の前方後円墳と前方後方墳

関東地域でも墳長210mの群馬県太田茶臼山古墳を始め白石稲荷山古墳（175m）が築かれている。これらの墳墓は奈良県や大阪府の大王墓と目されている超大形前方後円墳の規模に匹敵する。規模は下回るが、香川県大川茶臼山古墳（140m）など、多くの地域でその地域最大の前方後円墳が築造されている。

畿内地域でも変化が起きている。

変化はまず大和の中で起きている。初期の超前方後円墳は纏向地域を中心に大和盆地の東縁部に展開している。その後、超大型前方後円墳の造営地の中心が盆地北部奈良市の佐紀盾列（さきたてなみ）地域に移り、やがて盆地西部の馬見丘陵地区に移る。大和内部の大型墳造営地の移動に加え、それまで大和だけに集中していた超大型前方後円墳が次第に大和から河内地域（大阪府）に移っていく。列島第2位の規模を持つ誉田御廟山古墳

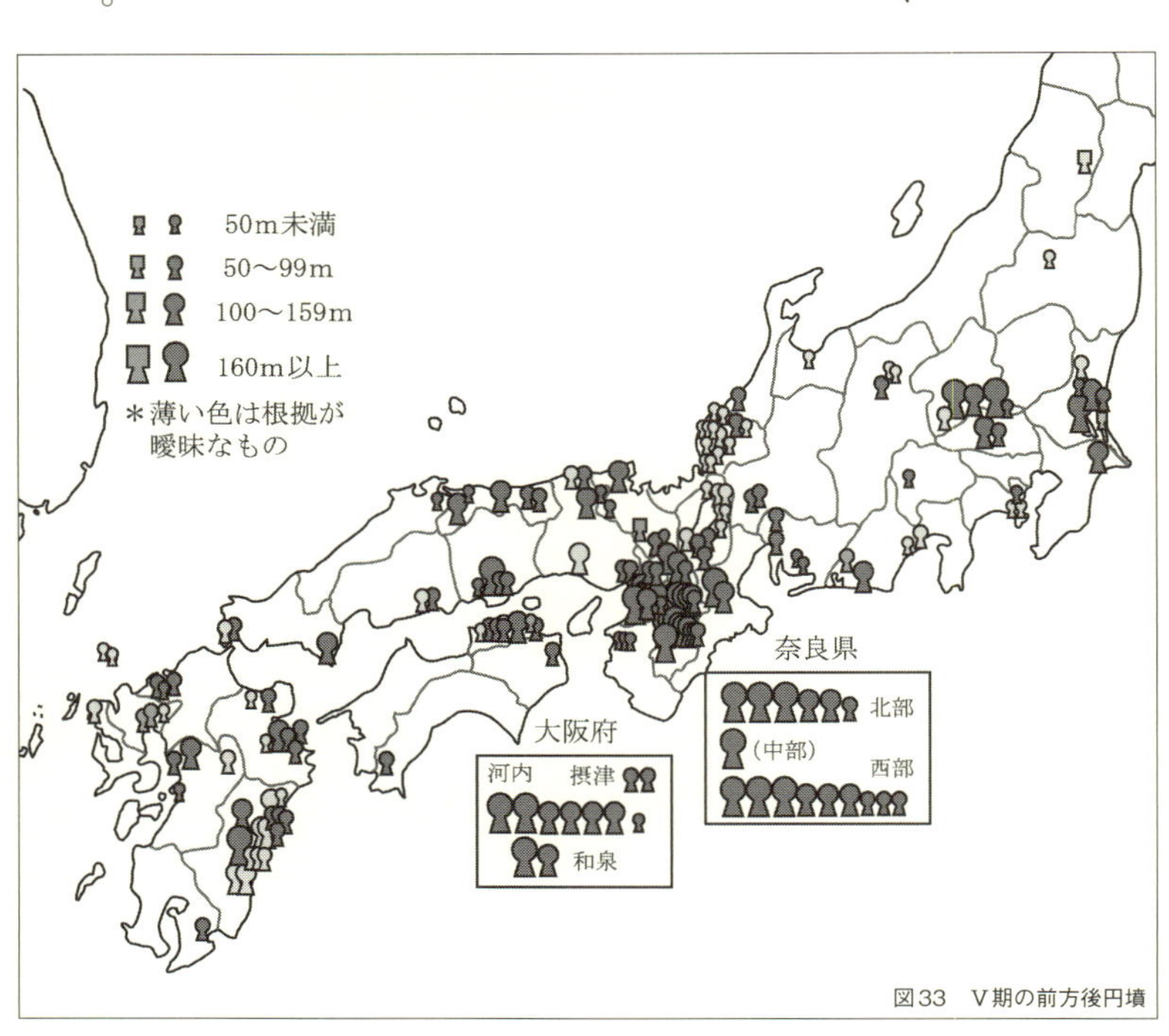

図33　Ⅴ期の前方後円墳

（応神陵古墳　420m）が古市古墳群に、列島最大の大仙陵古墳（仁徳陵古墳）が百舌鳥古墳群に築かれる。以後、大和に超大型前方後円墳が築かれるのは、最後の超大型前方後円墳となる六世紀後半の見瀬丸山古墳（五條野丸山古墳ともいう　310m）ただ1基だけとなる。ちなみに見瀬丸山古墳は大和内では最大の墳長を誇る。

畿内で最初の300m超級の墳墓は、堺市百舌鳥古墳群の石津ヶ丘古墳（履中陵古墳　350m）と考えられている。岡山県造山古墳と石津ヶ丘陵古墳の前後関係は微妙だが、一時的にせよ造山古墳が列島最大の前方後円墳であった可能性がある。少なくとも、それまで大和に築かれたどの大王墓よりも大きい。

このような各地の大形墳はヤマト王権と地域首長との相互承認によって築かれたという解釈ができるだろうか。大王墓を凌駕するような地域首長墓の築造をヤマト王権が承認するとは考え難い。これら大形・超大形墳の規模は、その地域勢力の実力ないし経済基盤を反映したものといえる。三世紀に空前の規模で築かれた箸墓古墳には、全土的な労働力投入を考えがちである。しかし、多発的に築かれた大型墳墓はヤマト王権の思惑や采配ではなく、それぞれの勢力の力量に応じて築かれたのではないかと素直に考えたい。

この時期の新しい考古事象として、木棺に代わる石棺が登場する。

香川県中部の鷲の山石の割竹形石棺が大阪府下に運ばれている（藤田／1976年「讃岐の石棺」『倉敷考古館研究集報』第12号）。柏原市安福寺境内にある石棺は玉手山古墳群内の前方後円墳から移したといわれている。同市松丘山前方後円墳の祖形長持形石棺の一部の石材も鷲の山石である。大阪府岸和田市の風吹山前方後円墳の石棺は、香川県東部に産地がある火山石製の可能性が高い。33面の鏡が出土した岡山県鶴山丸山古墳の石棺も火山石製（間壁忠彦・間壁葭子／1974年「石棺石材の同定と岡山県の石棺をめぐる問題」『倉敷考古館研究集報』9号）という。蓋石が屋根型のこの石棺は、環状の縄掛突起を持ち、熊本県産の舟形石棺の縄掛突起と似た造りである（図34）。

『播磨風土記』逸文に讃岐（香川県）の石工が関わったと記されている兵庫県産の石棺＝長持形石棺は、瀬戸内・畿内の有力首長墓の棺になる。大王墓の棺と別称されている。また、環状の縄掛突起を持つ熊本県産の石棺が伝兵庫県御津町の古墳や京都府八幡大塚古墳に運ばれている。岡山県造山古墳前方部にある石棺も熊本県産の石棺である。この石棺は近在の古墳から出土したという伝承があり、本来組合せ型であるはずの長持形石棺を刳り抜き式の手法で造った類例のない石棺である。

熊本県の石棺は五世紀中頃以降、瀬戸内南岸を中心に各地に運ばれている。河内や大和だけでなく、淀川を遡って、琵琶湖畔の甲山古墳にまで運ばれている。鶴山丸山古墳に次いで鏡の多量副葬があった和歌山県大谷古墳の石棺も熊本県産の石棺である。木棺に代わる石棺の登場は、次章第三節で記すように鏡の多量副葬の終焉と深く関わっている。

日本の陶器製作技術の幕開けを飾ったのもこの時期である。福岡県朝倉地域、香川県西部観音寺宮山窯と中部

図34　鶴山丸山古墳の石棺（梅原末治1938『近畿地方古墳墓の調査』3より）

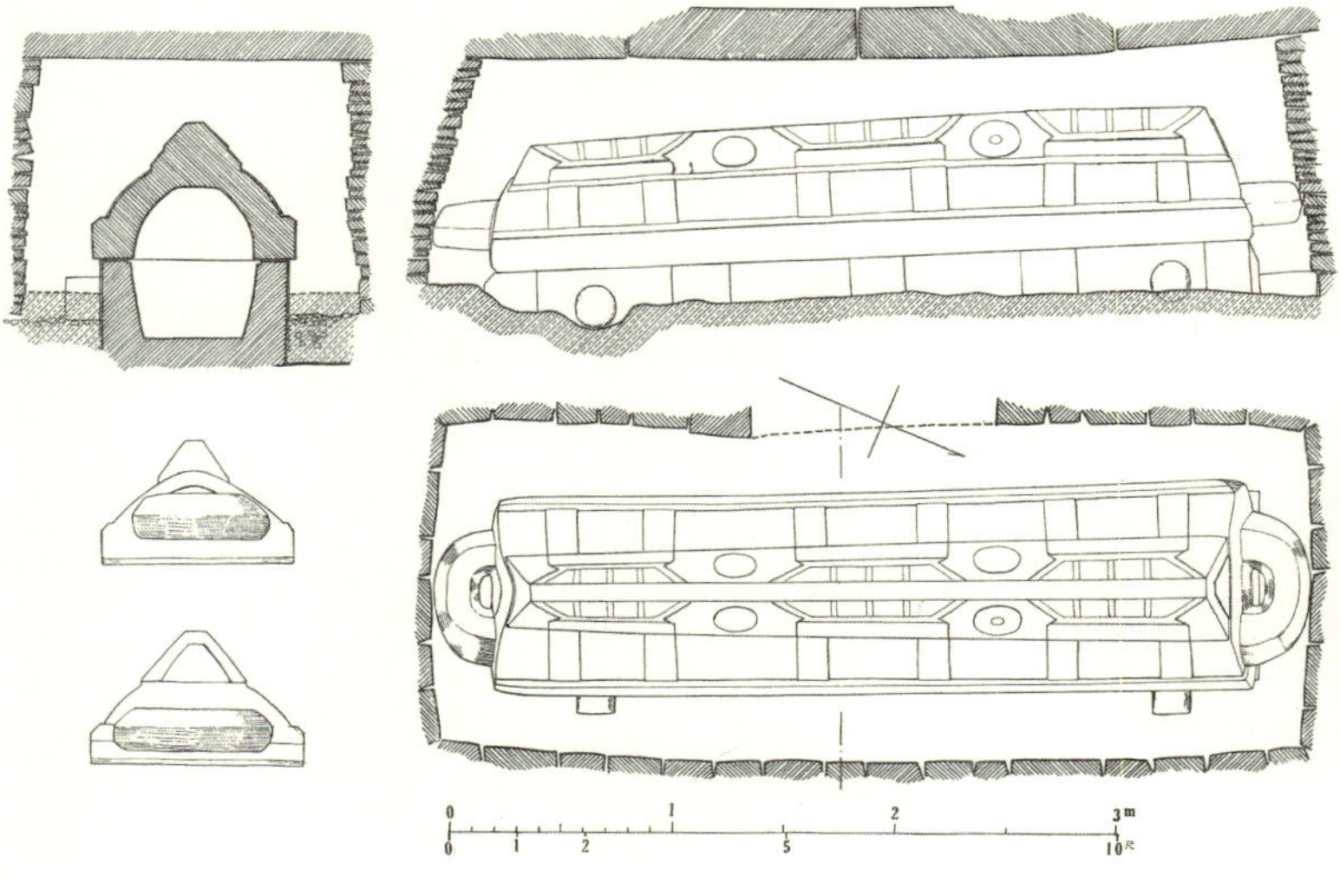

の三谷三郎池窯、岡山県南部奥ヶ谷窯、兵庫県出合窯、大阪府内数カ所で最初の須恵器生産が始まる。ただし、福岡県と大阪府陶邑地域の須恵器生産以外は短期の操業で終わる。

岡山県造山古墳の周辺では、北部九州で成立した横穴式石室が造山古墳の陪冢とされる千足古墳にも採用されている。千足古墳の石障は九州から運ばれたとされる砂岩製で、石室材は瀬戸内対岸の香川県産と考えられている。さらに造山古墳の陪冢の一つの可能性が強い榊山古墳では、陶質土器と朝鮮半島西南部に多い馬形帯鉤が出土している。造山古墳の前方部の上には、先述の阿蘇製の刳り抜き式長持形石棺がある。

吉備の国単位で見れば、この時期に九州島や朝鮮半島の外来文化が一気に流入している。河内の石津ヶ丘古墳に匹敵する最大級の前方後円墳を築いた吉備の大王と呼ぶにふさわしい大首長の目は、畿内地域ではなく九州島や朝鮮半島に向いている。阿蘇石石棺の分布と重ね合わせると、瀬戸内北岸の海上交通権の掌握と関係するであろう。

こうした事象は、しばしば大和（畿内）勢力が中心となって各地域に波及させたと論じられがちであるが、私はむしろそれぞれの地域が畿内勢力と対等の関係で活動していた姿と考える。畿内の勢力は最強勢力であったことは間違いない。しかしこの時点は、ヤマト王権が列島全土の頂点に立つ唯一の存在というよりも、最強の一地域勢力の段階であったと見るほうが自然ではなかろうか。いわば初期ヤマト王権体制解体期の現象である。

五世紀末葉から六世紀の前方後円墳分布から、再び大きな変化を読み取ることができる。

各地で乱立傾向にあった超大形前方後円墳は、大阪府3基と奈良県1基のわずか4基だけになる（図35）。そのうち最も小さい大阪府今城塚は、墳長180m級であるが二重の濠を持ち、総長は300mに達する。この4基に続く規模の前方後円墳は、今城塚の被葬者との関わりが指摘されている愛知県断夫山古墳（15

１ｍ）、群馬県七輿山（ななこしやま）古墳（１４６ｍ）、奈良県平田梅山（１４０ｍ）である。４基の前方後円墳の規模はまさに圧倒的である。

それまで畿内地域では、単純に20年一世代で配分しても2ないし3基以上の超大形前方後円墳が併存していた。それが一転して、まさに一世代一墳の追随を許さない大王墓になったといえる。畿内の前方後円墳社会が新しい段階に入ったことを示している。

とはいえ、福岡県南部や島根県地域、さらに群馬県や千葉県など関東地域では、最大規模こそ１００ｍ級ながら多数の前方後円墳を築き始める。時期が判別できるものだけで比較すると、畿内や瀬戸内地域では前期と中期に築かれた前方後円墳の総数と後期に築かれた前方後円墳は、ほぼ同数か後期のほうが少ない。これに対し、畿内から離れた福岡県（68対１２６）、埼玉県（7対83）、千葉県（10対98）、群馬県（30対２２６）、栃木県（6対１０１）、茨城県（30対１１０）に見るように、

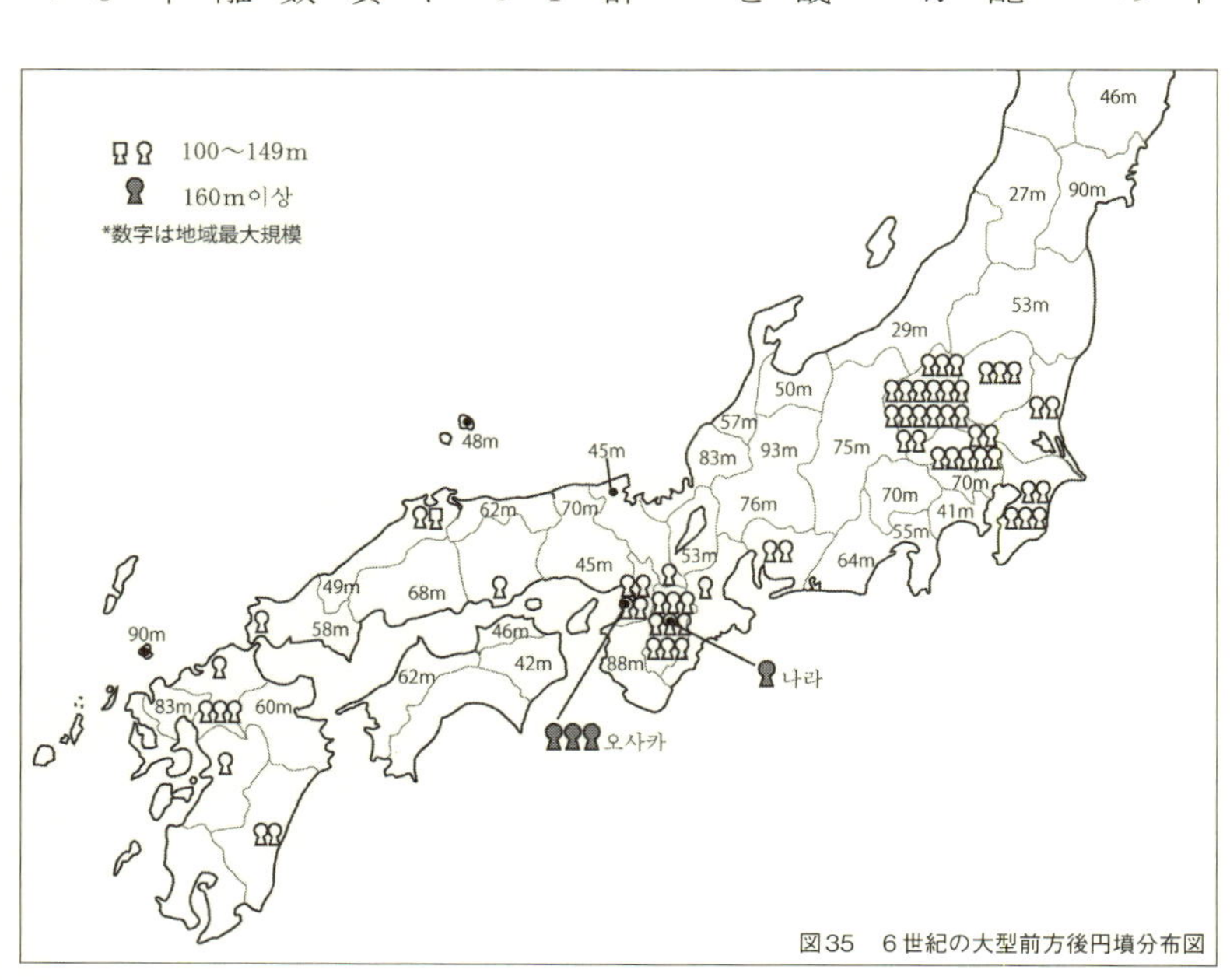

図35　６世紀の大型前方後円墳分布図

後期の前方後円墳築造数が前・中期築造数の３倍から10倍に達している。これらの地域は後期こそが前方後円墳の時代である。

前方後円墳時代に瀬戸内や畿内地域の推移と異なる、個性的な墓作りをしている出雲地域（島根県東半部）の動静を概観しよう。出雲・伯耆・因幡の山陰地方では、Ⅷ期以降に属することが明らかな前方後円墳はⅦ期以前の３倍の90基近い。この地域の前方後円墳が少ないわけではない。その総数は上記３国で３４２基あり、吉備４国（岡山県と広島県東部）の総数２５７基をはるかに上回る。しかも、その７割以上の約２５０基がⅧ期以降に築かれている可能性が高い。

前方後円墳時代前期の出雲の墓は、四隅突出型墳丘墓の系譜を引く塩津山1号墓や神原神社古墳、大成古墳、造山1号墳などの出雲型方墳である。方形の一隅か二隅がやや歪んでおり、整った方形になっていない。この墳丘形態は次第に整った方形になって、安来（やすぎ）平野から宍道（しんじ）湖東半を中心に後期末まで続く。宍道湖北岸に位置する丹華庵（たんげあん）古墳は一辺約50ｍの方墳で「王の棺」と呼ばれる長持形石棺を採用している。ところが、宍道湖南岸のほぼ同規模の前方後円墳には、より下位の棺と考えられる舟形石棺が用いられている。

前方後方墳はⅡ期からⅢ期に位置付けられる松本1、3号墳などを初現とし、Ⅵ期と目される安来市宮山1号墳を含め、確実にⅦ期以前に位置付けうるものが5基ある。前方後円墳は、ⅢないしⅣ期の出雲市大寺1号墳を初現とし、Ⅶ期以前に位置付けられる可能性があるものは約10基である。残る90余基の前方後円墳の主な分布域は、宍道湖西岸の出雲平野部と斐伊川上流域（時期不詳を含む総数13基）、宍道湖東南岸（八束郡玉造町以東）から意宇（おう）平野の縁辺（同総数14～15基）、島根半島側の松江市域（時期不詳を含む7基）、安来平野部（同総数60基）に分かれる。

出雲平野部は絶対数は少ないものの、出雲最大の前方後円墳大念寺山古墳（91ｍ）があるのに対し、前方後方墳は島根半島側の時期不詳の1基のみである。似た分布を示すのが安来平野部で、中海沿岸部に中型を含む前方後方墳がまとまり、伯太川・飯梨川中流域に50基余の小型の前方後円墳が集中している。この地域の前方後円墳数は出雲全体の過半数を占めている。

対称的な傾向を示すのが、中間地帯に位置する意宇平野周辺と対岸の島根半島である。島根半島側で当該期に属する可能性がある前方後方墳は西の講武川沿いから東の中海側にかけて11基あり、前方後円墳はその分布の両端付近にある。意宇平野側では前方後方墳は14基あるが、その大半が意宇平野縁辺に分布する。これに対し、前方後円墳15基のうち10基は宍道湖南岸の八束郡玉造町周辺に集中し、意宇平野側は4、5基と少ない。

意宇平野はのちに出雲国庁が置かれた出雲世界の中枢部で、前方後円墳が少なく、この一角にある出雲最大の墳墓は、墳長94m、周濠を含む総長推定150mの山代二子塚前方後方墳である。これに続く出雲の王墓は周濠を含めた総長70mの山代方墳である。六世紀の意宇平野と対岸の島根半島側はまさに前方後方墳の世界といえる。前方後方墳だけでなく、Ⅷ期の大庭鶏塚以降も一辺35~45mの大きな方墳を築造してきた方形原理優位の地域である。

こうした事情を概観するだけでも、前方後円墳が大和から各地に速やかに拡がって前方後円墳体制が始まったというイメージは実態とかけ離れているといえる。

前方後円墳と横穴式石室

前方後円墳は畿内から拡がった。しかし墳丘の形はともかく、各地の埋葬施設は多様である。弥生時代以来の習慣に則った石棺や木棺をそのまま踏襲しているものも少なくない。墳長60m弱の大分県赤塚古墳は、

5面の三角縁神獣鏡を副葬した前方後円墳である。その埋葬施設は在地系の箱式石棺である。同じく三角縁神獣鏡が出土している福岡県若八幡宮古墳（墳長47ｍ）と那珂八幡古墳（墳長75ｍ）の前方後円墳も木棺直葬である。九州の前期墳墓の埋葬施設には木棺や箱式石棺を直接土中に納めたものが多い。

弥生時代後期からの伝統といえるが、福岡県を例にとると、鏡を副葬した墓では竪穴式石槨と粘土槨14例に対し箱式石棺または木棺直葬が20例ある。ちなみに石棺または木棺直葬墓のうち7例で三角縁神獣鏡が出土し、一辺13ｍの峠山1号方形周溝墓では壷棺から三角縁神獣鏡が出土している。畿内の埋葬規格、とりわけ竪穴式石槨に三角縁神獣鏡を副葬する形からはずれている。畿内の首長の前方後円墳に対する思想は、充分に波及しているとはいえない。

畿内の首長の前方後円墳に対する思いをイメージしてみよう。

前方後円墳はいかに巨大な墳丘を築いても、基本的に特定少数者のために造られた墓である。高い墳丘を築くとともに後円部に大きく深い墓壙を掘り、埋葬施設を設けている。竪穴式石槨の構築途上で木棺を安置している。石槨はしばしば棺の幅に合わせて造っている。石槨の石積みは木棺より高い位置で壁が内側にせり出し、床面よりも石槨上面のほうが狭くなっている。一度密封された石槨はその石積みの大半を破壊しない限り、二度と棺を開けることができないように造られている。

蓋石の上にも高く盛り土をしている。粘土槨の場合も石槨のように堅牢ではないが、棺を取り巻く粘土をほとんど除去しないと棺の蓋は開けられない。埋葬施設を囲い込むように埴輪などで区画し、さらに墳丘を二、三重に取り巻くように埴輪を樹立している。もっとも、初期の前方後円墳には埴輪がない。埴輪を樹立する概念がまだなかった時期、あるいは普及していなかった段階の墓である。

この埴輪列は、墳丘の保全や死者を埋葬した聖域内に侵入者が立ち入ることを防ぐためと解釈されている。

発掘結果にもとづいて復元された兵庫県五色塚古墳は、埴輪列はまさに立ち入ることができないほど隙間なく樹立されている（図36）。遺体を納める棺は、初期は木棺で四世紀代後半から腐食することのない堅牢な石棺が用いられ始める。

こうした施設の構築について、私は外部からの侵入者を防ぐためだけでなく、逆に死者（の霊魂）が現世に戻って来ないように墓の中に固く封じ込める意図もあったと考えている。少なくとも、死者と二度と対面しない（死者のいる空間に立ち入らない）という強い意思表示＝思想（宗教観）である。

石槨を用いず木棺や石棺を直接埋納する手法は、畿内の前方後円墳築造思想に対するこだわりがなかったことを示唆している。東海・関東地域の前方後円墳も同様である。さらにいうと、北部九州で始まる横穴式石室の埋葬思想は、畿内の前方後円墳の思想とまったく相反する。

横穴式石室は石室内外を繋ぐ羨道と呼ぶ通路を設けている。石槨ではなく石室と呼ばれる所以である。そのうえ、複数の棺を同じ空間に納められる規模と構造を備えている。単数埋葬の例もあるが、基本的には複数の棺が同じ空間に異なる時期に納められている。言い換えると石室に何度も出入りして追葬を行なう埋葬施設である。

図36　兵庫県五色塚古墳の埴輪列

それは、二度と墳丘内に立ち入らないために、墳丘の裾まで幾重にも埴輪を巡らせた墓作りの思想の対極にある。初期の横穴式石室は、墳丘上部に羨道を設けている。追葬を行うために墳丘上に何度も立ち入らなければならない。畿内の前方後円墳の観念を破棄しない限り、横穴式石室は築造できないのである。もっとも、前期の前方後円墳もしばしば、異なった時期に複数の埋葬が行なわれている。ただ、同じ石槨や粘土槨に追葬することは基本的にない。死者のいる空間に二度と立ち入らない原則は守られている。

墳長62mの前方後円墳、福岡県鋤崎(すきざき)古墳は、列島初期の横穴式石室の一つである。後円部の頂上にある横穴式石室は入口を前方部側に向けている。遺体を埋葬する玄室の奥行3・4m、幅2・5m、高さ約2mである。薄い板石を積み上げて作られており、床よりも天井部が狭い。玄室から羨道部を見ると、玄室の床面より高い位置に羨道があり、長さ70㎝ほどの短い羨道を抜けると奥行き1mほどのテラスがある。

このテラスは、墳丘の上から深さ2mほどの立坑を掘って設けられたものである。横穴式石室といいながら、外から石室に入るために、一旦垂直に降りないと羨道入口にたどり着けない。羨道入口部の閉鎖状況や立坑部の埋土の詳細な観察の結果、石室内に三人が別々の時期に埋葬されたと想定されている(図37)。羨道側から見ると奥壁沿いに板石を組み合わせた石棺、右側に埴輪の焼き上がりに似た土製の箱形の棺(埴質棺)、左側に木棺が据えられていた。石棺には副葬品を納める副室が設けられている。石棺と埴質棺はもとも蓋がなかったか、腐食する有機質のもので覆われたと推定されている。鏡は石棺副室に2面、埴質棺の内外に各1面、木棺の棺外に1面、羨道部に1面置かれていた。

さらに列島で最初に始まる北部九州の横穴式石室は、遺体と対面できる構造になっているものが少なくない。肥後型石室と呼ばれる横穴式石室は遺体を据える棺がオープンになっていて、遺体と直接対面できるようになっている。和田晴吾氏が開かれた棺(和田晴吾/2003年「棺と古墳祭祀―『閉ざされた棺』と『開かれた棺―」『立命館大学考古論集』Ⅲ）と呼んだ埋葬法は、死者を二度と見ないという畿内の葬送観念では、およそ受け入れがたい形態である。実際に畿内型と呼ばれる家型石棺は閉じられた棺である。ただ、畿内系と呼ばれる横穴式石室が流行する六世紀代には、複数の棺を埋葬するには手狭な石室もあり、先に納められた棺や遺体を片づけて、後の棺を納めている例も少なくない。これは、それまでの畿内地域の葬送観念から解き放たれた後の埋葬行為である。

　横穴式石室は、北部九州で四世紀末葉に始まる。しかも北部九州では、その当初から前方後円墳に採用されている。畿内地域では、渡来系氏族の墓と目されている円墳や方墳にまず横穴式石室が採用され、やがて前方後円墳にも採用される。九州地域よりもおよそ100年ほど遅い時期である。

　九州の横穴式石室の発端が朝鮮半島の墳墓文化の影響を受けて始まるのか、西北部九州の集団が独自性を発揮して築き始めたのか、私はまだ確信を得ていない。しかし、大和勢力に対して相対的な自立性と畿内の前方後円墳の思想にとらわれない考えを持っていた西北部九州の勢力であればこそ、前方後円墳に横穴式石室を採用できたといえる。つまり、前方後円墳という形はともかく、大和の前方後円墳思想は九州地域の勢

図36　鋤崎古墳の横穴式石室（福岡市教育委員会提供）

力に正しく伝わっていたとはいえない。この地域の勢力が畿内の勢力に影響されることなく、独自に朝鮮半島の文化と接触していたことは、弥生時代以来続いていた。

この時期の前方後円墳における横穴式石室は、羨道部が前方部に向けて設置されている。前方部に対する意識が残っていたためかもしれない。後の横穴式石室のように横方向から羨道部に至ることができず、墳丘の上から立坑を設けて羨道部に到達するようになっている。

この構造は、四世紀代の朝鮮半島の百済領域の横穴式石室にも認められる。また、宮崎県南部に分布する地下式横穴墓や鹿児島県に分布する地下式板石積石室などに通ずるところも見られる。ともあれ、このような埋葬施設は畿内の埋葬文化には認められない。

畿内の首長墓、とりわけ前方後円墳に横穴式石室が採用されるまでの１００年は、５世紀の畿内の王権の動向を考えるとき、大きな意味を持っている。

第三節　箸墓古墳の実年代と三角縁神獣鏡の副葬年代

三角縁神獣鏡は、前方後円墳体制論あるいはヤマト王権論を支える重要な柱の一つである。景初3（239）年銘を持つ三角縁神獣鏡は、島根県神原神社古墳で出土している。正始元（240）年銘を持つ三角縁神獣鏡も山口県竹原古墳、兵庫県森尾古墳、群馬県蟹沢古墳で出土している。

三角縁神獣鏡を卑弥呼の鏡と考える論者の多くは、箸墓古墳の実年代を250年頃と考えている。箸墓古墳には、最古式の三角縁神獣鏡を副葬しているという想定があるのかもしれない。

福永伸哉氏は、魏による三角縁神獣鏡の製作は西暦240年代から約40年にわたって行なわれ、およそ10年単位でその型式変化を跡付けられるという（福永伸哉／1996年「舶載三角縁神獣鏡の製作年代」『待兼山論叢』第30号史学編 大阪大学文学部）。岸本直文氏も魏で作られた三角縁神獣鏡が速やかに大和の首長の手に渡り配布されたという立場で、神戸市西求女塚古墳の年代を250～260年代と考えている（岸本直文／2004年「西求女塚鏡群の歴史的意義」『西求女塚古墳発掘調査報告書』神戸市教育委員会）。

この論法には、最古式の三角縁神獣鏡は卑弥呼が魏から入手した鏡で伝世していない、という想定がある。しかし、奈良県佐味田宝塚古墳や新山古墳で、最古の三角縁神獣鏡が新しい時期の鏡と考えられている仿製三角縁神獣鏡と一緒に副葬されている。いずれも前期後半の墓と考えられている。福永氏によると、この鏡の組み合わせは前後40～50年の時間幅を持っている。墓の被葬者の死亡時を仮に70歳前後、最初の三角縁神獣鏡の入手を20歳前後と見れば、一世代の中で生じうる現象といえるかもしれない。

ところが、この墓には二世紀末の鏡と考えられている後漢鏡も用いられている。となると、鏡の伝世は否定できない。三角縁神獣鏡だけは伝世しない特別な鏡であったとすれば、その説明が必要であろう。三角縁神獣鏡が卑弥呼の特注品であったという解釈だけでは説得力に欠ける。

三角縁神獣鏡の副葬開始

三角縁神獣鏡の副葬が始まったのはいつなのか。まずこの問題を取り上げることにしよう。

そのために用いる手法は、弥生時代終わり頃から続く埋葬祭祀の痕跡である。瀬戸内や山陰、畿内地域を始め多くの地域の弥生時代墓では、埋葬時に墓壙の上あるいは墳丘の上で土器を使った祭祀的な行事が行なわれている。仮に墓上祭祀と呼んでおこう。墓の形や使われた土器、その扱い方などそれぞれ地域色を持っているが、その土器を比較することによって、大まかながら別の地域の墓との前後関係がわかる。

例えば、岡山県を中心とする吉備地方の弥生後期後半の首長墓では、装飾を施した大きな壺と壺を載せる器台が用いられている。特殊壺、特殊器台と呼ばれる土器で高さ1m近い特殊器台もある。前方後円墳時代の朝顔型埴輪や円筒埴輪の祖形である。また、墓壙の上からはたくさんの土器が打ち割られた状態で出土している。『魏志倭人伝』に記された人の死に際して歌舞音曲するという記述を彷彿させる痕跡である。この特殊壺・特殊器台が進化した形の土器が奈良県箸墓古墳、西殿塚古墳、葛本弁天塚古墳で出土している。土器を吉備地方から運んだか、あるいは吉備から特殊器台を作った技術者が大和にやって来て作ったか、といわれるほど似ている。

弥生時代に各地でそれぞれ個性を持って行なわれたこの墓上祭祀は、前方後円墳時代になってもしばらく残り、新しい埋葬習慣の普及とともに次第に廃れていく。前方後円墳時代の前期墳墓の相対的な前後関係がわかりづらくなっているのは、墓上祭祀の内容が変わったため相対的な比較が難しくなっているからである。土器を用いた墓上祭祀がなくなったのである。逆にいうと土器を用いた墓上祭祀がない墓は、前期の中でも相対的に新しい要素とみなすことができる。

「古墳時代」の始まりの指標とされている箸墓古墳は、庄内式の後の布留0式と呼ばれている土器を伴う。その箸墓古墳出土の特殊器台は新古二つのタイプがある。古いタイプは岡山県宮山古墳出土の宮山型特殊器台の一群に属するが、宮山古墳出土のものより新しい要素が認められる。新しいタイプは宮山型特殊器台の次の段階の都月型と呼ばれるタイプである。この一群を特殊器台型埴輪と呼ぶ場合もある。大きな違いは器台裾部の作り方の違いで、地面の上に置くタイプと埋め込むタイプの違いである。つまり埴輪化の始まりと見ればよい。

以上を念頭に置いて、かつて最古の「古墳」とされてきた椿井大塚山古墳の三角縁神獣鏡よりも古い型式の三角縁神獣鏡を伴う墓を見てみよう。

兵庫県播磨権現山51号墳は全長43mの前方後方墳である。竪穴式石槨内から5面の三角縁神獣鏡が出土している。鏡は頭部を囲うように置かれていた。都月型の特殊器台型埴輪とともに、布留1式と呼ばれる土師器（はじき）が出土している。布留1式土器は布留0式の次の段階の土器である。特殊器台型埴輪と三角縁神獣鏡が一緒に出土した唯一の事例である。特殊器台型埴輪は布留0式から布留1式にかけて用いられた祭祀用の土器の可能性がある。

神戸市西求女塚古墳は摂津地域の全長110mの前方後方墳である。竪穴式石槨から三角縁神獣鏡7面を含む12面の鏡が出土している。鼓型器台と呼ばれる小型の器台と小型丸底壷と口縁部や頚部に竹管文を持った壷が出土している。畿内の土師器の要素よりも山陰地域の土師器に近い土器で布留1式段階に相当する。

滋賀県雪野山古墳は琵琶湖の南東の山の上にある全長70mの前方後円墳である。竪穴式石槨から3面の三角縁神獣鏡を含む5面の鏡が出土している。棺内から管玉1、鉄刀や銅鏃などの武器具類、鑿や鉇などの工具類、鍬形石と呼ばれる貝輪形石製模造品のほか、この時期には珍しい壷が副葬されていた。壷に古い要素を見る見解もあるが、共伴している貝輪形石製模造品など、より新しい要素が認められる。三世紀末ないし四世紀初頭より古くなることはないであろう。

安満宮山（あまみややま）古墳は淀川北岸の長軸20mほどの長方形墳と推定されているが、発掘現況から見ると墳丘復元の根拠は乏しい。埋葬施設は墓壙周囲に排水溝を備えた深い素掘りの墓穴（構築墓壙と呼ばれている）である。三角縁神獣鏡2面を含む5面の鏡と鉄刀、鉄斧などの鉄器類、１６００点余のガラス玉が出土している。土器は伴っていない。鏡の中の1面は青龍三（２３５）年の年号を記した方格規矩鏡である。

奈良県黒塚古墳は全長１３０ｍの前方後円墳である。長さ８ｍ、幅１ｍ未満の細長い竪穴式石槨から三角縁神獣鏡33面と画文帯神獣鏡1面が出土している。木棺内の遺体近くに面文帯神獣鏡1面と鉄刀、鉄剣を副葬し、玉類は出土していない。三角縁神獣鏡はすべて棺外から出土しており、遺体に沿うように木棺と石槨の間に置かれていた。鏡面を棺内に向けて置かれたと推定されている。土器は伴っていない。

以上の事例を見ると、最古段階の三角縁神獣鏡に土器を伴うのは3例で、すべて布留1式並行期の土師器である。景初三（２３９）年銘の三角縁神獣鏡が出土した島根県神原神社古墳も、竪穴式石槨を築くにあたって事前に掘られた土坑の中から布留1式並行期の土器が出土している。神原神社古墳では、吉備系特殊器台型埴輪を独自に変容させた姿の円筒型の土器が出土している。この円筒型土器には西求女塚古墳出土の壷に付けられていた竹管刺突文が認められる。このほか、正始元（２４０）年銘を持つ三角縁神獣鏡に伴った土器はいずれも布留1式より古くはならない。

黒塚古墳と安満宮山古墳には、土器を用いた墓上祭祀の形跡が認められない。弥生後期後半以来の墓上祭祀行為が途絶えた後の埋葬と考えるほうが自然である。安満宮山古墳には青龍三（２３５）年銘の鏡があり古い埋葬例とされているが、鏡が製作された後、速やかに倭人の手にわたり伝世することなく副葬されたという想定のもとでの古さである。はなはだ心もとない。現状で三角縁神獣鏡の副葬開始期を考えると、布留1式段階以降と見るのが自然である。

実年代の手掛かり

それでも、岸本直文氏が主張するように、箸墓古墳が大和の「ヒミコ」の生存時から築かれた寿陵という解釈（岸本直文／2004年　前出）や箸墓古墳の年代を250年前後と想定すれば、三角縁神獣鏡の副葬開始が布留1式であったとしても氏らの想定は成立する。

この時期の墳墓および土器の実年代に関して、箸墓古墳＝250年頃とする解釈がマスコミ報道とともに広く主張されている。その根拠に布留0段階前後の纒向墳墓群出土の木製品や土器付着物などのAMS法による炭素14年代測定値の較正年代が挙げられている。

2009年の日本考古学協会で、国立歴史民俗博物館がこれまで実施してきた分析データをもとに、箸墓古墳の時期である布留0式の年代は240～260年に限定できるという発表があった。土器型式で分類されている布留0式前後の各時期数点の資料の較正年代値を、それぞれ平均して布留0式の年代を導いたものである。その趣旨を略記しておこう。

「庄内0式は試料6点の年代較正結果の中心の値を平均すると1920¹⁴CBPで二世紀初めに相当する。庄内1式の試料4点の平均値は1920¹⁴CBPで二世紀の年代が与えられる。庄内3式の試料3点の平均値は1880¹⁴CBPで、200年頃の曲線の肩部に相当し、布留1式試料3点の平均値は1690¹⁴CBPで三世紀後半という実年代が与えられる。その結果、庄内3式と布留1式に挟み込まれた箸墓古墳の布留0式は2

４０～２６０年と考えるのが合理的である」（春成秀爾 他／２００９年「古墳出現の炭素14年代」『日本考古学協会第七五回総会研究発表要旨』90・91頁）という。

ＡＭＳ法による年代測定は、年代較正を用いて測定精度が格段に高まったといわれている。しかし、これまでに報じられている測定結果は有効測定値の年代幅が広すぎるうえに、同時期の試料の分析結果にも１００年以上もズレるものがある（表４）。20年前後の目盛りを必要としているこの時期の実年代研究に適しているとは思えない（橋本輝彦／２００６年「纏向遺跡の出現期古墳出土土器とその年代」『古式土師器の実年代』（財）大阪府文化財センター）という意見がある。

また、分析精度が高くなっても、年代較正で得られた数十年の誤差幅の中心の数値が９５％の確率を持っているわけではない。信頼度95％は、中心値を前後する１００年から２００年ほどの間におさまる確率である。適切な資料がなかったのか、布留０式期そのもののデータ提示がなく、また±の年代幅がそろっているとは限らない３～６点の平均値で、20年単位まで年代を絞り込めたという点もいささか納得しがたい。

もう一つ、見ておこう。箸墓古墳より古いと考えられているホケノ山古墳の木棺材は、埋葬時の直接資料として墳墓の実年代に迫りうる一級資料である。その木棺では「生物劣化による浸食を受けていないと判断され、かつ最も加工を受けていないと思われる棺材の側面部」（今津節生／２００１年「ホケノ山古墳の理化学的調査」『ホケノ山古墳調査概報』学生社）の試料５点がＡＭＳ法で分析されている。この同一材で行なわれた５点の較正暦年代は、ＢＣ30～ＡＤ１３５年を上限にＡＤ５～１５５年、ＡＤ20～２１５年、ＡＤ55～２３５年、ＡＤ30～２４５年まで、かなのりバラツキがある。箸墓古墳より一世代分程度古いと目されているホケノ山古墳の実年代の絞り込みは、バラツキの多い分析結果を考慮して、出土画文帯神獣鏡の年代観からＡＤ２００年をその上限年代とし、最も新しい数値から下限年代をＡＤ２４５年と推定している（河上邦彦／２００１年「まとめ」『ホケノ山古墳調査概報』学生社）。

ホケノ山古墳の築造年代の絞り込みに慎重な配慮がうかがえる一方で、年代推定の前提とその問題点が合わせて記されている。分析に供した試料は、木材を最大限利用して木棺を造り木棺側面部が最も削られていない表皮直下部であろうという想定を示しつつ、同時に「その部位がどの程度削られているのかは不明」（今津／２００１年　前出）と記している。その客観的姿勢に則していえば、伐採材を最大限に使ったという想定は難がある。

建築部材以外の木製加工品では辺材部位はほとんど残っていない。それは当時の人々が辺材と芯材の耐久性や耐害虫性などの違いの知識を経験的に蓄積し、辺材部を削り捨てて用いた可能性を示唆している。まさにどの程度削られたのか不明である。その意味では、ホケノ山古墳の棺材の場合、削られた可能性がある年輪数を

ホケノ山古墳 ^{14}C年代測定値と暦年代補正値

測定試料 No.	補正 ^{14}C年代（yBP）	較正された暦年代（確率95%）
HOKENO-1（Beta-141087）	1880+/-50BP	cal AD 30 to 245
HOKENO-2（Beta-141088）	1920+/-40BP	cal AD 5 to 155
HOKENO-3（Beta-141089）	1910+/-40BP	cal AD 20 to 215
HOKENO-4（Beta-141090）	1940+/-40BP	cal BC 30 to AD245
HOKENO-5（Beta-141091）	1880+/-40BP	cal AD 55 to 235

纒向遺跡における土器編年と分析結果の対比一覧

遺跡名	資料時期	測定結果	方　法	備　考
纒向石塚	布留０式	AD177	年輪年代法	補正して AD197
	庄内０式	(2σ)BC165 to AD120	^{14}C AMS法	交点は AD5
勝山古墳	庄内３式新～布留０式古	AD199	年輪年代法	補正して AD208
ホケノ山古墳	庄内３式～布留０式	(2σ)AD30 to AD245	^{14}C AMS	遺物との補正により AD200～AD245
箸墓古墳	布留０式古	(2σ)BC205 to AD65	^{14}C β線法	交点は BC60
	布留０式古	(2σ)BC250 to AD15	^{14}C β線法	交点は BC150
	布留０式古	(2σ)AD２４５ to AD620	^{14}C AMS法	交点は AD430
	布留０式古	(2σ)AD65 to AD350	^{14}C AMS法	交点は AD210
	布留１式	(2σ)AD145 to AD465	^{14}C AMS法	交点は AD350
纒向遺跡第25次	庄内２～３式	(2σ)BC35 to AD240	^{14}C AMS法	交点は AD90

表4　布留０期ころのC14年代測定値

考慮し、この数値は材伐採の上限年代を示すものと解釈すべきではなかろうか。

ホケノ山古墳出土土器に先行する要素を持つ京都府大田南5号墳では、魏の年号である青龍3（235）年銘を持つ方格規矩鏡が出土している。この紀年銘鏡が大田南5号墳に副葬されるまでに10年程度を見込むのは自然であろうから、両墳墓出土土器の型式的先後関係から見てホケノ山古墳の築造上限年代は、255年±5年前後と考えるのが妥当と考えられる（藤田／2009年「箸墓は卑弥呼の墓か」『紀要』大阪府立近つ飛鳥博物館）。

箸墓古墳の実年代を推定できる資料がもう一つある。椅子から作業台に転用されて廃棄された木製品である。布留0式に併行する大阪府堺市下田3式土器に伴う木製品の年輪年代測定値である。

この資料は辺材部分が僅かしか残っていなかったためかあまり注目されていない。板材の最も新しい年輪年代値はAD247年である（光谷拓実／1996年「ヒノキ製腰掛の年輪年代」『下田遺跡』第二分冊財団法人大阪府文化財調査研究センター）。残っていない辺材部の年輪数や伐採後すぐに椅子に加工されたのか、数年寝かされたのち加工されたのか不明である。水辺の土壙に未成品の木製品・木材を納めた貯木施設と思われる遺構は少なくない。製作後何年使用されたのかも不明である。

ただ、測定最終年輪値からこの木材が廃棄されるまでの年数を、辺材の残りの年輪数を20年、伐採後椅子から作業台に転用され下田3式土器とともに廃棄されるまでの年数を5～6年加えて、大雑把に25年と見積もっても大過はないであろう。私は、下田3式＝布留0式段階の1時点が270年代であると推定する。

箸墓古墳は布留0式期に作られ始め布留0式のうちに竣工したという（寺沢薫／1986年「畿内古式土師器の編年と二・三の課題」『矢部遺跡』奈良県文化財調査報告書第34集 奈良県立橿原考古学研究所）。墳長280mの規模を考えると、布留0式期段階の後半に属する可能性が高い。そうした仮定を積み重ねたうえで、箸墓古墳で行なわれた墓上祭祀の時期が270年代半ばを著しく遡ることはないと推論する（藤田／2009前出）。

根拠は1点の年輪測定結果にすぎない。したがって追加資料の蓄積を待たなければならないが、現状ではより信頼度の高い論拠だと考えている。

箸墓古墳の実年代は、なお異論があろう。仮に、国立歴史民俗博物館の布留0式の実年代観をある程度受け入れたとしても、布留0式の終末、布留1式が始まる実年代が270年代を大きく遡ることは考えがたい。三角縁神獣鏡が製作後速やかに配布され副葬されたという前提に立つとすれば、三角縁神獣鏡は卑弥呼が魏からもらった鏡ではありえないことになる。

第四章　三角縁神獣鏡と前方後円墳

第一節　前方後円墳と三角縁神獣鏡・紀年銘鏡

三角縁神獣鏡と前方後円墳との関係を見ておこう。

ヤマト王権論では、しばしば三角縁神獣鏡と前方後円墳は大和の王権の権威を象徴するものとして一体的に捉えられている。もっとも、黒塚古墳でただ1面棺内から出土した画文帯神獣鏡がクローズアップされ、これに卑弥呼の鏡を重ね合わせようとする研究者もいる。いずれにしても、鏡の配布という表現には大和の王権から地域首長に下賜された鏡という意味合いが少なからず込められている。

国立歴史民俗博物館による千葉県祇園大塚山古墳を主題にしたフォーラムの成果が一冊の本にまとめられている（上野祥史・国立歴史民俗博物館編／２０１３年　前出）。その執筆陣の多くは、鏡を始め甲冑などの「威信財」はすべて畿内の政権、言い換えればヤマト政権の配布行為によって地域首長にわたったとしている。上総の首長がヤマト王権に仕え、トップクラスまでのぼりつめた証だという。

上野祥史氏はその文中（前出１７７頁）で「倭王権は、器物の配布と古墳の築造という二つの指標を以て、地域首長・地域社会との関係を取り結んだ。配布する器物には、生産や外部からの入手を独占できる器物が選択された。古墳時代前期では鏡や銅鏃、あるいは石製腕飾りなどが代表的であり、古墳時代中期では帯金式甲冑が代表的である。こうした器物は、王権の評価を可視化するものである。鏡は、古墳時代前期から後期に至るまで、倭王権が継続して配布した器物である。古墳時代を通じて、中国大陸からの入手を独占した中国鏡と、独自に生産を管理した倭鏡を、倭王権は配布した」と記している。

ヤマト王権が前期から後期まで一貫して独占的に配布したという鏡と古墳の築造という二つの指標によって地域首長と取り結ばれた「関係」がどういう内容かはよくわからないが、鏡がどのような形の墓にどのように用いられたのか実態を見て考えたい。

三角縁神獣鏡が畿内地方に多いことと多量副葬に関係していること、基本的に前期の墓の一部で使用された鏡ということは前章までで明らかになった。そこで基本的に対象を前期の墓に絞ろう。

畿内以外の地域で三角縁神獣鏡が出土していて墓の形がわかるものが98例ある。5面以上を副葬している事例では、前方後円墳15基、前方後方墳3基、円墳5基である。4面副葬の場合は、前方後円墳2基、前方後方墳1基、円墳3基、方墳1基。3面副葬では、前方後円墳6基、円墳3基、方墳2基。2面副葬の場合は、前方後円墳12基、円墳8基、方墳2基。1面副葬の場合は、前方後円墳16基、前方後方墳3基、円墳10基、方墳4基、方形周溝墓3基である。面数ごとに区分すると少数の比較になるので、信頼度は著しく欠ける。それをわきまえていうと、5面以上の副葬の場合は前方後円墳に偏り、4面以下の場合は前方後円墳とそれ以外の墓がほぼ同数である。

少数副葬の事例で三角縁神獣鏡の実態を少し具体的に見よう。

いち早く前方後円墳が普及する兵庫県以西の地域で『集成』のⅢ期以前に属し、墳丘形態がある程度判明している墓を見ると、「舶載」三角縁神獣鏡の副葬が認められる墓は約60基ある。そのうち前方後円墳は21基、双方中円墳1基、前方後方墳5基で、ほぼ二分の一にあたる32基は円墳か方形墳ないし方形周溝墓である。前方後円墳の少ない山陰側では、鳥取県普段寺山1号前方後方墳と橋津4号（馬の山）前方後円墳古墳を除く10基すべてが円墳または方形墳である。橋津4号墳は墳長１００ｍの山陰中部域最大の前方後円墳である。前方部を含め複数の埋葬施設を持つ。後円部竪穴式石槨から三角縁神獣鏡一面を含む6面の鏡が出土している。共伴遺物は鉄刀などの武器、鉄製工具類、玉類、貝輪形石製模造品がある。前方部の埴輪を棺に利用した1号埴輪円筒棺からも内行花文鏡が出土している。

同じ地域にある上神大将塚古墳は直径25mほどの円墳で、箱式石棺から三角縁神獣鏡が1面出土している。共伴遺物は剣や刀などの鉄製武器と鉄斧、管玉・臼玉の玉類、貝輪形石製模造品のほか、倭鏡1面も出土したと伝えられる。この地区で興味深いのは、上神出土と伝えられる10面の鏡があることだ。その中に「舶載」とされる三角縁神獣鏡2面と画文帯神獣鏡3面、内行花文鏡2面がある。一つの墓の多量副葬だったのか、1、2面単位の副葬だったのか、想像の域を出ない。因幡との国境に近いこの地域は、前期から中期にかけて鏡の出土例が非常に多い。時期不詳を含めると墳墓に関連する可能性がある鏡が39面ある。また、集落遺跡でも長瀬高浜遺跡を中心に19面の鏡（鏡片）が出土している。一つの集落遺跡で出土した鏡の数としては飛び抜けて多い。しかし、前方後円墳との相関性は決して強くない。

福岡県では福岡市域の原口古墳、那珂八幡山古墳、名島古墳などの前方後円墳に伴う一方で、藤崎第一地点（32次1号周溝墓）や藤崎遺跡第3次6号地点の方形周溝墓からも三角縁神獣鏡が出土している。那珂川町妙法寺2号墳は、これらの方形周溝墓よりも小さい墳長18mの前方後方墳である。やや新しい時期に属する事例では、岡山県一宮天神山古墳群で直径約30mの円墳から三角縁三仏三獣鏡が出土しているものの、すぐ横にある同時期の墳長60m余の前方後円墳には三角縁神獣鏡はなく、三面の倭鏡が確認されているだけである。三角縁神獣鏡がほかの鏡よりも重視されていたとは思えない。

最近、卑弥呼の鏡候補として注目を集めている画文帯神獣鏡はどうだろうか。

黒塚古墳の棺内に埋葬されていた唯一の鏡が画文帯神獣鏡ということや、七世紀の穴穂部皇子の墓との説もある奈良県藤の木古墳にも副葬されていたように、前方後円墳時代をとおして用いられていることが注目された一因かもしれない。画文帯神獣鏡の副葬は前期に43例50面、中期に35例41面、後期に20例23面ある。三角縁神獣鏡のような極端な変化はないが、時期が新しくなるにつれて漸減傾向にある。鏡の副葬そのものが少なくなっていることに関係するのかもしれない。

　前期の画文帯神獣鏡の分布は、畿内地域に24例29面、そのほかの地域に19例21面ある。ほぼ拮抗している。墓の形がわかる37例は、前方後円墳21基、前方後方墳2基、円墳11基、方墳3基である。鏡5面以上の副葬では、前方後円墳が三分の二を占めている。鏡4面以下の副葬例では、前方後円墳10基、前方後方墳1基、円墳9基、方墳2基である。三角縁神獣鏡の副葬例と似た傾向にあるといえる。

　強いて違いを指摘するなら、畿内地域の5面以上の副葬例では、すべての前方後円墳に三角縁神獣鏡が伴い、画文帯神獣鏡が伴うのはその半数にとどまることである。畿内以外では、前方後円墳との相関性はさらに希薄である。前方後円墳と鏡の関係では、三角縁神獣鏡のほうが相関性が強い。とはいえ、中期に属する事例では地域最大級の前方後円墳でも出土している。

　千葉県は列島屈指の前方後円墳集中地帯である。県単位で前方後円墳数を比較すると、突出して多い約630基の前方後円墳が分布する。千葉県に続くのは、茨城県の440余基、群馬県の約360基である。奈良県は240余基、これに大阪府・京都府南部・兵庫県東部を含めた畿内の前方後円墳総数が520基弱である。畿内の前方後円墳数を合わせても、千葉県の総数に遠く及ばない。数でいえば、東国こそ前方後円墳の地域であり、千葉県はまさに前方後円墳の王国である。

　五世紀後半に位置付けられている祇園大塚山古墳は、その中でもトップクラスの復元推定墳長110m余の大型の前方後円墳である。近世以降の市街化などによって墳丘がほとんど削平され、往時の姿は見る影もない。19世紀末にこの墓の組合せの石棺から画文帯神獣鏡1面と金銅製の甲冑、銀製耳飾り、刀剣類、鉄鏃などが出土している。金銅製甲冑は、大阪府大仙陵古墳前方部の長持形石棺出土例以外では祇園大塚古墳出土例だけといわれる。垂れ飾り付きの耳飾りは大加耶系の特徴を備えている（朴天秀／2011年『日本の中の古代韓国文化』チニンジン）という。

一方、ホケノ山古墳に先んじて、庄内式並行期から画文帯神獣鏡を副葬していた徳島県では、直径20ｍ弱の阿王塚古墳の箱式石棺から2面の画文帯神獣鏡が出土している。香川県丸井古墳は前方後円墳とはいえ、全長30ｍに満たない。二つの竪穴式石槨のうち、墳丘の中心からずれた第二石槨から土師器とともに出土している。激しく盗掘を受けており、第一石槨に鏡があったかどうかは不明である。また、福岡県祇園山古墳は一辺25ｍの方墳で、箱式石棺を埋葬施設としている。この埋葬施設も盗掘を受けていて、副葬品の内容は不明である。その外周には50基余の各種の埋葬施設があり、その中の壷棺から画文帯神獣鏡片が玉類とともに出土している。わずかな事例であるが、画文帯神獣鏡が特別な扱いを受けた鏡とは考えがたい。

三角縁神獣鏡や画文帯神獣鏡が注目を集めた理由の一つは紀年銘である。卑弥呼が魏に遣使した年前後の年号を刻んだ鏡がある。

列島各地で卑弥呼が魏に遣使した頃の紀年銘鏡が11例ある（図38）。景初三年の4年前の青龍三年銘の方格規矩鏡は京都府北部の大田南5号墳と大阪府安満宮山古墳（前出）で出土している。大田南5号墳は丘陵尾根筋に並ぶ墳墓群の一つで、長軸19ｍ弱の長方形墳である。4基の埋葬施設があり、中央の石棺から鉄刀、土器類とともに出土している。同じ丘陵の頂部にある大田南2号墳は長軸22ｍの方墳で、丹後地域に多い舟底型の木棺内から画文帯神獣鏡が出土している。折り曲げた鉄剣と布留Ⅰ式並行期の土器が出土している。

景初三年銘鏡は、神原神社古墳の三角縁神獣鏡と大阪府和泉黄金塚古墳中央粘土槨出土の画文帯神獣鏡である。和泉黄金塚古墳は、全長90ｍ余の前方後円墳である。3基の粘土槨があり、中央粘土槨で2面、東粘土槨で3面、西粘土槨で1面の銅鏡が出土している。中央槨の棺内から半三角縁と呼ばれている神獣鏡、勾玉や管玉などの玉類、貝輪形石製模造品などが出土し、紀年銘がある画文帯神獣鏡は、鉄刀・鉄剣などの武

図38　紀年銘鏡出土墳墓分布図

器具類、鎌など鉄製工具類とともに棺外から出土している。半三角縁神獣鏡は鏡の縁が一般の三角縁神獣鏡ほど明瞭ではなく、斜縁神獣鏡に分類されることもある。いずれにしても画文帯神獣鏡が三角縁神獣鏡より上位の鏡と決めつけることはできない。

正始元（２４０）年銘三角縁神獣鏡は、群馬県柴崎蟹沢古墳、兵庫県北部の森尾古墳、山口県瀬戸内側の竹島古墳（別名、御家老屋敷古墳）で出土している。

柴崎蟹沢古墳は円墳と考えられており、粘土槨からほかに三角縁神獣鏡1面と内行花文鏡２面が出土している。伴出遺物に鉄刀・鉄剣・鉄斧・鉄鑿がある。

兵庫県森尾古墳は山陰側、旧但馬の国に属する。長辺35mの方墳とされているが、形は整っていない。3基の竪穴式石槨から各1面鏡が出土している。紀年銘鏡はそのうちの1面である。

竹島古墳は、墳丘長56mの前方後円墳である。竪穴式石槨から三角縁神獣鏡3面と画像鏡が出土している。共伴遺物に鉄刀、鉄斧、銅鏃がある。奈良県桜井茶臼山古墳の出土鏡の中に年号銘は残っていないものの、正始元年銘を持つ柴崎蟹沢古墳出土三角縁神獣鏡と同じ鏡があるという。

実在しない景初四年銘の斜縁盤龍鏡も2面ある。魏では景初三年の暮れに改元されていて翌年は正始元年になっており、景初四年は実在しない年号である。その鏡が京都府北部の広峯15号墳と宮崎県持田古墳群から出土している。福知山市広峯15号墳は墳長40mの前方後円墳とされているが、違和感をぬぐえない。木棺直葬墓である。伴出遺物は鉄製武器類と工具類、管玉である。

魏だけでなく、呉の紀年鏡も2面出土している。赤烏元（２３８年）年銘対置式神獣鏡は山梨県鳥井原狐塚古墳、赤烏七（２４４）年銘対置式神獣鏡が兵庫県安倉高塚古墳から出土している。鳥井原狐塚古墳は直径20mの円墳で、竪穴式石槨から、鉄剣・鉄刀、臼玉、銅鈴、土師器・須恵器が出土している。安倉高塚古墳は直径17mほどの円墳である竪穴式石槨から、鉄製武器類、工具類、管玉が出土している。どちらも五世紀代中頃の墳墓である。

そのほか、やや新しい年号を持つ鏡がある。京都府南部上狛古墳出土と伝えられる、晋の元康□（２９１～２９９）年銘対置式神獣鏡は、墳墓の所在そのものがわかっていない。

以上のうち確実な前方後円墳は2基で、和泉黄金塚古墳は四世紀中葉とされている。紀年銘がある三角縁神獣鏡と前方後円墳がセットになっているのは、竹島古墳の1例だけである。中期の墳墓と安満宮山古墳、和泉黄金塚古墳を除くと、いずれも弥生時代墓制の名残である土器を用いた祭祀の痕がある。大田南5号墳出土土器は庄内式土器の範疇に入り、卑弥呼の時代の終わり頃にあたる。そのほかは布留1式並行期の土器が伴っている。晋元康年銘鏡を除く以上の紀年銘鏡は、卑弥呼が入手した鏡と取り沙汰されることがある。しかし、大田南5号墳を除いて三角縁神獣鏡の副葬時期を遡るものはない。

最古段階の三角縁神獣鏡を副葬した大和以外の首長墓に前方後円墳がほとんどなく、前方後方墳や最下位あるいはランク外に序せられる方形墳が多い。卑弥呼の最初の遣使の際に贈られた鏡の中に上述した紀年銘鏡も含まれていたと考えられているが、そのほとんどが方墳や円墳から出土している。墳墓の規模もおおむね直径（長軸）20m以下である。それぞれの地域で最有力首長の墓といえるほどはでない。卑弥呼が魏から贈られた可能性がある鏡と前方後円墳との相関性は認めがたい。

第二節　三角縁神獣鏡の副葬形態と多量副葬

前方後円墳体制論や邪馬台国大和論に対してモヤモヤと抱いていたもう一つの違和感は、三角縁神獣鏡が「政治的意味を帯びた新しい威信財」という言葉である。鏡は前方後円墳時代の初めから終わりまで、一貫してヤマト王権から各地首長に配布された「威信財」という根拠はどこにあるのか。鏡がどのような政治的意味を持っていたのか、鏡がどのようにしてヤマト王権の新しい威信財になったのか充分に説明されていない点である。

三角縁神獣鏡を含む多数の鏡を副葬した事例を検討してみたい。

鉄道建設によって石室が露出した椿井大塚山古墳は、画文帯神獣鏡と方格規矩鏡各1面、内行花文鏡2面とともに33ないし34面の三角縁神獣鏡があった。共伴遺物には、200点を超える多数の鉄製武器類、鉄製甲冑、銅鏃、鉄製農工魚具類などがある。椿井大塚山古墳とともに注目を集めた岡山県備前車塚前方後方墳でも神獣鏡と内行花文鏡各1面と11面の三角縁神獣鏡が出土している。畿内の4基の大型前方後円墳に次いで三角縁神獣鏡の副葬が多い。鉄製武器類、工具類も出土している。鏡の副葬状態は不明である。鏡の出土例の多くは副葬形態がわからない。

黒塚古墳は、前述のように棺内に画文帯神獣鏡がただ1面そえられ、33面の三角縁神獣鏡は棺外に副葬されていた。鏡は長大な木棺のやや北寄りに、木棺と石槨の間に挟み込むように置かれていた。遺体を挟むような位置に集中している。鏡面が棺内に向けて置かれたと推定されている。

福岡県一貴山銚子塚古墳は、墳長１００ｍ余の大型前方後円墳である。長さ3・4ｍの竪穴式石槨内から三角縁神獣鏡8面を含む10面の鏡が出土している。頭部側に内行花文鏡と鍍金方格規矩鏡が置かれ、遺体を挟むように両側に三角縁神獣鏡が4面ずつ置かれていた。鏡は鉄刀と重なるようにして出土している。これらすべて棺外に置かれていたものである。棺内副葬は遺体の両手首付近で出土した勾玉と管玉計35点だけである。石槨側壁は木槨に添わせるように積まれていて、その構築過程または木棺を覆った石材の上にも多数の武器具類が副葬されていた。

奈良県天神山古墳は、墳長約110mの前方後円墳である。長さ6㎝の竪穴式石槨内の仕切りを持つ板材の上から23面の鏡が出土している。20面が長方形に並んで出土し、その北側約50㎝離れた位置に2面、南側も50㎝ほど離れた位置で1面出土している。鏡で囲われた内側に大量の水銀朱があったものの、遺体痕跡が認められなかったことなどから、この板材は木棺材ではなく箱状の木製容器と考えられている。鏡は木製容器内に並べられていたと考えられている。2面の三角縁神獣鏡は長方形に配列された鏡群の中で両長辺に1面ずつ混じっている。伴出遺物は鉄製武器類と鉄製工具類である。

大阪府紫金山古墳は、墳長約110mの前方後円墳である。内法約7mの竪穴式石槨を持つ。棺内から方格規矩鏡1面、その両小口部にあたる石槨両端から三角縁神獣鏡10面を含む11面の鏡が出土している。棺内出土の鏡は頭側で出土した「王莽の鏡」と呼ばれる方格規矩鏡である。前漢と後漢の間に成立した新の時代の鏡である。後世の模倣鏡でなければ、この鏡は300年間以上伝世していることになる。石槨両端に置かれた鏡は、南海産のゴホウラ製の貝輪（腕輪）および、これを石で模倣した鍬形石、同じくオオツタノハの貝輪を模倣した車輪石と呼ばれる貝輪形石製模造品と一緒に重ね置いたような状態で出土している（図39）。棺内副葬品は、鉄刀、鉄鏃のほかに筒形銅器、多数の玉類が出土している。石槨内外から短甲と籠手（こて）、200点を超える鉄製武器類が出土している。大阪府立近つ飛鳥博物館に実物大の復元模型が展示されているので、ぜひご覧いただきたい。

兵庫県西求女塚古墳は、墳長110mの大型前方後方墳である。前方後方墳としては最大級の一基である。江戸時代の伏見大地震で直下を走っている活断層がずれて竪穴式石槨が壊れていたが、精緻な調査の結果、内法約5mの竪穴式石槨であったことが判明した。7面の三角縁神獣鏡を含む12面の鏡が出土している。複数の三角縁神獣鏡が足元側にも置かれていたことが明らかになった。共伴遺物に200点を上回る鉄製品がある。

鏡数面の副葬例では、兵庫県権現山51号前方後方墳で頭部を囲うような状態で出土している。5面出土の安満宮山古墳も頭部付近に鏡が集まっていた。雪野山古墳では頭側と足側に分かれて出土し、頭側に3面置かれていた。頭側の2面と足側の2面は、遺体側に鏡面を向けているという。1面副葬の場合、棺内外に関わらず頭側に置かれている例が多い。

これらの例を参考にすると、多数の三角縁神獣鏡と1面ないし3面程度の別の鏡を持っている椿井大塚山古墳や備前車塚などの場合も、黒塚古墳や一貴山銚子塚のように三角縁神獣鏡が棺外に副葬されていた可能性が高い。

三角縁神獣鏡がしばしば足元に副葬されていることを指摘して、三角縁神獣鏡の評価を問題にしたのは森浩一氏である（森浩一／1978年「日本

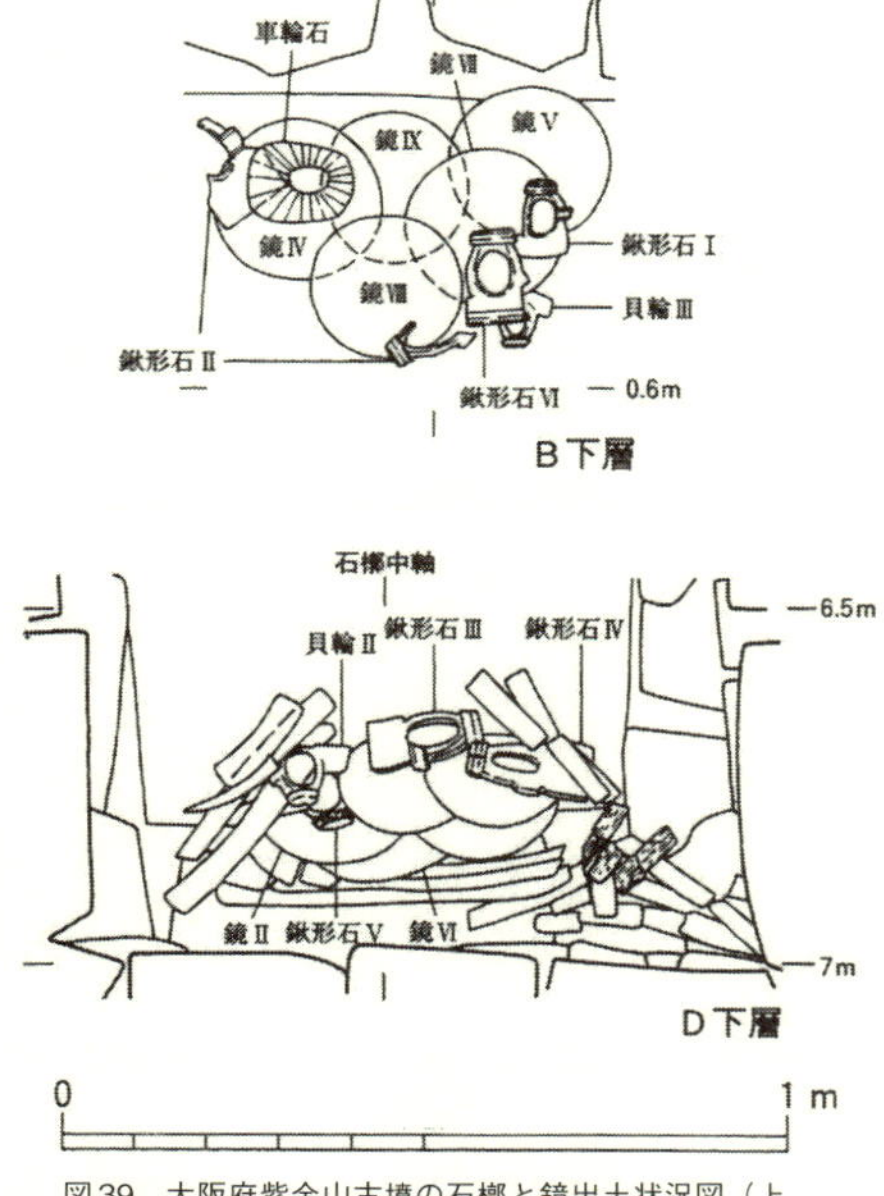

図39　大阪府紫金山古墳の石槨と鏡出土状況図（上原真人ほか2005『紫金山古墳の研究－古墳時代前期における対外交渉の考古学的研究－』より一部改編）

の遺跡と銅鏡―遺跡での共存関係を中心に―」『日本古代文化の探求　鏡』社会思想社）。森氏の真意は、三角縁神獣鏡が魏で製作された舶載鏡という解釈の検証不足に対する警鐘であったように思う。

福永伸哉氏は後漢の鏡と三角縁神獣鏡を持つ黒塚古墳を例にとって、「日々使用された小形鏡や使用期間の長かった伝統的鏡種を従来通り被葬者の頭部側に、政治的意味を帯びた新しい威信財である三角縁神獣鏡を宗教的な意図も込めながら、それ以外の場所に配置」したと解釈する。さらに、黒塚古墳の副葬例に関しては、「政権の本拠地で明らかになった極端なまでの棺外副葬の重視こそ、最先端の儀礼スタイルとみてよかろう」（福永伸哉／２００５年『三角縁神獣鏡の研究』２９７頁大阪大学出版会）という。森氏の指摘に対しては、「鏡の配布とその副葬は、基本的に時と性格を異にした別個の行為ではないだろうか」として、三角縁神獣鏡の意義を配布と副葬（葬送）行為に分けて解釈する必要がある（同書　２３２頁）と説く。

いささか納得しがたい解釈である。三角縁神獣鏡を複数持っている場合、鏡の組合せは福永氏のいう二段階以上の幅を持つものが大半で、四段階以上の幅を持つものも11例ある。かりにヤマト王権が地域首長の地位を保証するため、あるいは地域首長との関係を確認するために三角縁神獣鏡を何度も配布したというのであれば、地域首長にとって新しく入手した鏡こそがヤマト王権との最も重要な「確約証」であろう。最終的な地位の証であるその鏡こそ、亡き首長の身近に添えられると考えるのが自然ではないか。

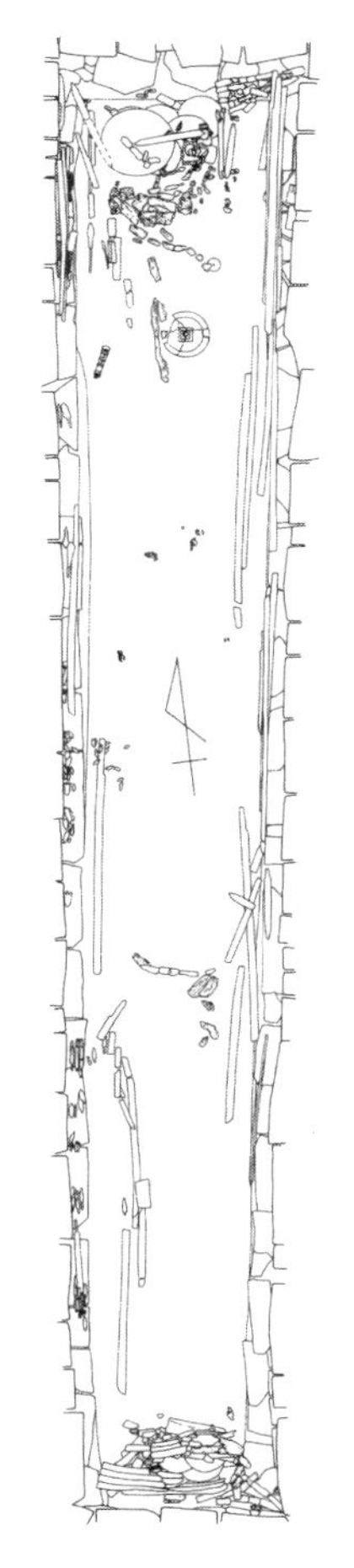

そもそも、三角縁神獣鏡の副葬とともに始まった多量副葬は何を意図したのか。先に示した事例を弥生時

代の鏡文化に遡って、その契機を考えてみたい。史的背景を探ることが「威信財」とされてきた鏡の本当の役割を明らかにすることにつながる。

多量副葬そのものは、弥生時代から始まっている。その源をたどれば、朝鮮半島の多鈕鏡の時代から始まっている。忠清南道東西里遺跡で5面の副葬例がある。この場合は威勢品と断言できるものではない。多鈕鏡はシャーマンの道具として始まった側面があり、被葬者の生前の社会的な役割を反映している可能性がある。そして、その道具は鏡だけではなかった。瀋陽鄭家窪子6512号墓では、多鈕鏡と似た機能を持ち、多鈕鏡のモデルの一つであった可能性がある円蓋形銅器を9点副葬している。この時期の多数副葬は、シャーマンである被葬者が用いた数量の可能性も捨てきれない。倭人社会の多数副葬は、むしろ原三国時代に鏡の文化が始まる朝鮮半島東南部との関係を考慮すべきであろう。しかし、慶尚道の地域では、倭人社会のような圧倒的な多量副葬はない。多量副葬は、西北部九州倭人社会の特徴と見られる。

ただし、西北部九州でも弥生時代の多量副葬は、王墓と目されている6例だけである。伊都国の4例と奴国、嘉穂地域の各1例である。銅剣、鉄剣など当時は希少品であった金属製武器が共伴している。鏡に関していえば、突出した数の保有=寡占状態の誇示といえる。数量の多さがステータスであったかもしれない。といっても、1面であれ、鏡を副葬すること自体、甕棺墓世界でさえも希少例である。鏡に限ったことではない。銅剣や銅矛の副葬も鏡と同じく希少例である。

鏡と武器の違いは被葬者の職能の違いを示している可能性はある。甕棺墓世界の金属器保有は、畿内地域よりもはるかに多い。もっとも、墓に副葬されたこと自体、金属器は個人に帰属した品々であったことを物語る。それに対し畿内地域では、庄内式並行期でも金属器が個人墓に副葬されている事例は大阪府中宮ドンパ遺跡1号周溝墓出土鉄剣と鉄鉇、鉄鏃以外にはない。畿内には銅鐸という青銅器がある。厚さは2～3㎜、繊細な文様を持っている。立体的な銅鐸を鋳造する技術は極めて高度である。石型で比較的平板な鏡や武器を鋳出した九州島の技術に勝っても劣るところはいささかもない。

しかし、その技術で造られた青銅製品は集団の共有品で、個人所有になることはなかった。奈良県前栽遺跡や大阪府下田遺跡のように集落遺跡で出土することもまれにあるが、基本的に集落から離れた山中に一括埋納されている。神戸市桜ケ丘遺跡や滋賀県小篠原遺跡などはその典型である。両地域の金属器に対する接し方は、国を隔てた異文化というべき違いである。

弥生時代後期に西北部九州からその隣接地に鏡の文化が拡散する。三世紀前半には畿内にも鏡の文化が到達している。しかし、その実態は集落の中の破鏡と小型仿製鏡である。

朝鮮半島にも破鏡の使用例が多鈕鏡末期から認められる。基本的に埋葬時に使用されている。棺の上ない し遺体の上にばら撒いている。原三国時代にも破鏡（再加工品）と仿製鏡があるが、用い方は異なる。墓に副葬された破鏡は、小さくても鏡のように円形に仕立てている。集落遺跡で出土する破鏡とは扱いが違っている。

倭人社会では、墓に副葬する（九州島の一部のみ）破鏡も集落で出土する破鏡も割れた形のまま用いている。集落出土例でも墓出土例でも、割った後に手を加えていても、紐を通す小さな穴をあけたり、割れ口を磨いている程度である。

鏡の文化が瀬戸内や山陰に伝わったときも同様である。中部瀬戸内で墓に副葬する事例が点的に認められるものの、畿内地域では卑弥呼の時代になっても生活の中の鏡の文化で、破鏡が主体である。その破鏡は、確かに倭鏡よりも中国鏡のほうが多い。そうだとしても、銅鐸文化と生活の中の護符的用法である破鏡の文化を見る限り、畿内地域の倭人が漢鏡の破片に中国王朝の権威を感じとるほどの情報を持っていたのか疑問である。二〜三世紀の畿内地域で鏡が「威信財」となる歴史的背景を見出すことはとてもおぼつかない。ホケノ山古墳に始まる畿内地域の鏡副葬の文化の源は、西北部九州地域の鏡の価値観に求めざるを得ない。

ホケノ山古墳より古い纏向の墳墓に鏡が副葬されていた可能性は否定しない。それでも纏向地域の有力墳墓が、二世紀まで遡ることは考えがたい。

九州では、ホケノ山古墳よりも古い段階に位置付けられる福岡県平原1号墓では、先に触れたように打ち割った40面の鏡を墓壙の四隅に置いていた。棺外副葬である。鏡を割って副葬している例は佐賀県藤の木遺跡などにある。瀬戸内で鏡を副葬している中にも、破砕行為が認められる。ホケノ山古墳も破鏡が2点出土している。また、佐賀県二塚山76号甕棺墓や吉野ヶ里遺跡の甕棺墓では棺の蓋部分を鏡で封印するような用い方が行なわれている。これも僻邪の新しい使用法といえる。

弥生時代中期後半から後期初頭、九州島の一部にしかなかった鏡は、威勢品の要素も兼ね備えていたかもしれない。しかし、その後の用い方は僻邪の側面を備えた使用例であり、およそ王権の「威信財」という扱いとは思えない。

第二章で畿内における三角縁神獣鏡と大量副葬に相当な相関性があることが確認できた。ホケノ山古墳から始まった鏡副葬の文化が、すぐに大量副葬を行なう文化になったわけではない。現状を見る限り、布留0式期に大量副葬は確認できていない。少なくとも三角縁神獣鏡が副葬され始めるのは布留1式からである。その間に認められる変化は、墳墓の巨大化である。大和では、箸墓古墳に続いて築かれた可能性が高いのは墳長約２２０ｍの西殿塚古墳である。西殿塚古墳でも都月型器台型埴輪が確認されている。特殊器台型埴輪の形から判断して、布留0式期から布留1式期にかかる頃と見られる。以後、巨大な王墓が継続する。まずこれを念頭に置いておこう。

さて、わずかな事例から判断すると、鏡の多量副葬にはいくつかの方法があるようだ。頭部（権現山51号墳）に置く場合と頭部と足元に置く場合（滋賀県雪野山古墳）、その一種と思われる木棺の両小口部に置く場合（大阪府紫金山古墳）、木棺あるいは遺体そのものを囲うように置く場合（黒塚古墳、福岡県県一貴山銚子塚）である。その違いは、副葬された鏡の面数に関係している可能性が高いようだ。鏡の面数が少ない場合は象徴的に頭部付近に集中させ、多い場合は遺体を囲うように置かれたと思われる。

黒塚古墳と雪野山古墳で確認された鏡は、鏡面を遺体側に向けて置いていたと想定されている。その置き方は、まさに遺体を封じ込めるための配置といえるだろう。結界を引いたのである。それは西北部九州の鏡副葬文化につながる行為といえる。頭部近くに置かれた一面の鏡も同様な意味合いを持っていたと考えられる。

紫金山古墳の副葬例はさらに示唆的である。割竹形木棺は両端部を筒抜けに作って、別の板材で小口部に蓋をしていた可能性が高い。大阪府久宝寺遺跡1号墓で発掘された割竹形木棺は、その部分に円盤状の板を詰めていた。いわば、木棺のいちばん脆弱な部分である。そこに鏡や貝輪、貝輪形石製模造品を置いている。この貝輪と貝輪形石製模造品にも注意を払いたい。

三重県石山古墳でも貝輪型石製模造品類が同じような場所に副葬されている。石川県雨の宮1号前方後方墳でも、頭側と足元側に石製模造品類が置かれており、奈良県島の山古墳では粘土槨に120余点の貝輪型石製模造品類が貼り付けられていた。その様相は、多数の鏡の副葬配置に通じる。

この貝輪形石製模造品の意味するものは何か。

貝輪形石製模造品は、鍬形石、車輪石、石釧と呼ばれる三つの種類がある。これまでの研究で、その源流は弥生時代に九州島を中心に出土している南海産の貝輪であることがわかっている。

鍬形石はゴホウラ、車輪石はオオツタノハ、石釧はイモガイ製の貝輪が祖形である。弥生時代の墓では、貝輪を腕に装着した状態の人骨が発掘されている。手の大きさと貝輪の内径から判断して、成人しないうちに腕に着けたと考えられる例もある。前漢鏡を伴った筑紫野市西小田13地点23号甕棺はゴホウラ製貝輪が38個出土している。20個から30個前後の貝輪を装着している例も少なくない。これを日常的に腕にはめている人物は、当然のことながら一般的な行動にも大きな制約がかかったはずである。幼いときから特殊能力（神がかり的な占いや宣託）を期待されたシャーマンといってよい。

甕の蓋部分に破鏡を置いていた吉野ヶ里遺跡の甕棺墓について、高島忠平氏は強い霊力を持った個人を封じ込めるための装置（高島忠平／２０１１年「近畿説はあり得ない」『研究最前線邪馬台国』朝日新聞出版）と見ている。弥生時代の風習であるが、これも僻邪の思想性につながる。その貝輪形石製模造品が、三角縁神獣鏡の副葬位置と同じ場所に配置されている。鏡と貝輪形石製模造品が担った役割は、「威信財」というより「僻邪」の道具と見るべきではないか。

南海産の貝輪が分布するのは、九州島や山陰など限定的である。見逃してはならないのは、鏡の副葬文化と同様に畿内の倭人たちがほとんど経験したことのない九州島の貝輪文化の残像がどのような経緯でヤマト王権の「威信財」に昇格したのか、という点である。貝輪形石製模造品も鏡と同様に、突然ヤマト王権の「威信財」として配布されたという論法になっている。

話を戻そう。多量副葬に用いられた鏡は基本的に遺体を封じ込めるための道具、という解釈のほうが合理的である。三角縁神獣鏡より少し遅れて登場する貝輪形石製模造品も同じような用途があったと考えるのが自然であろう。

なぜ、多量副葬が始まるのか。といっても、想像の域を出ないが、巨大墳墓の築造と関わっている可能性を考えたい。空前の規模の墓に葬られた人物は、その墓の規模に見合う強大な力を持っていたに違いない。その残像は死後にも大きな影響力を放つ可能性がある。後継者はその影響力を封じ込めることで、自らの存在を示す必要が生じてきた。被葬者が大きな存在であったがために、封じ込めの器物がより多く必要になった。それが鏡の多量副葬の契機となったのではなかろうか。そして、その場に用意されたのが三角縁神獣鏡であろう。多量副葬の終焉とともに三角縁神獣鏡がなくなることが、この推測の傍証になろう。

その意味では、三角縁神獣鏡による多量副葬はヤマト王権が創り出した新たな埋葬概念、といえる。その発信源が大和にあったことも確かであろう。

鏡を5面以上副葬した墓の分布を図40に示した。

多量副葬は畿内を中心に東西広範囲に広がり、前方後円墳での副葬が主体となっている。ただ、その内容は東西で異なっている。東側の愛知県東之宮古墳（11面中5面）と滋賀県雪野山古墳・大岩山円墳・群馬県の伝三木所在古墳（墳形不明）出土例は、5面中3面の三角縁神獣鏡があるもののほかは2面以下で、三角縁神獣鏡がない前方後円墳と前方後方墳が4例ある。

これに対し、畿内より西の瀬戸内側では兵庫県権現山51号墳5面中5面、同吉島古墳7面中4面、岡山県備前車塚古墳13面中11面、山口県長光寺山古墳5面中4面、福岡県石塚山古墳9面中7面、大分県赤塚古墳5面中5面と、三角縁神獣鏡の占める割合が卓越している。福岡県西部の一貴山銚子塚古墳も10面8面を三角縁神獣鏡が占めている。一貴山銚子塚古墳の鏡は仿製三角縁神獣鏡とされており、鏡の型式論でいえばより新しい時期に属する。

三角縁神獣鏡を中心とした多量副葬が瀬戸内を中心に広がっていることは確かである。これをヤマト王権の影響力と見るなら、この構図はヤマト王権が朝鮮半島への道を探ろうとしたことを示すものという解釈も

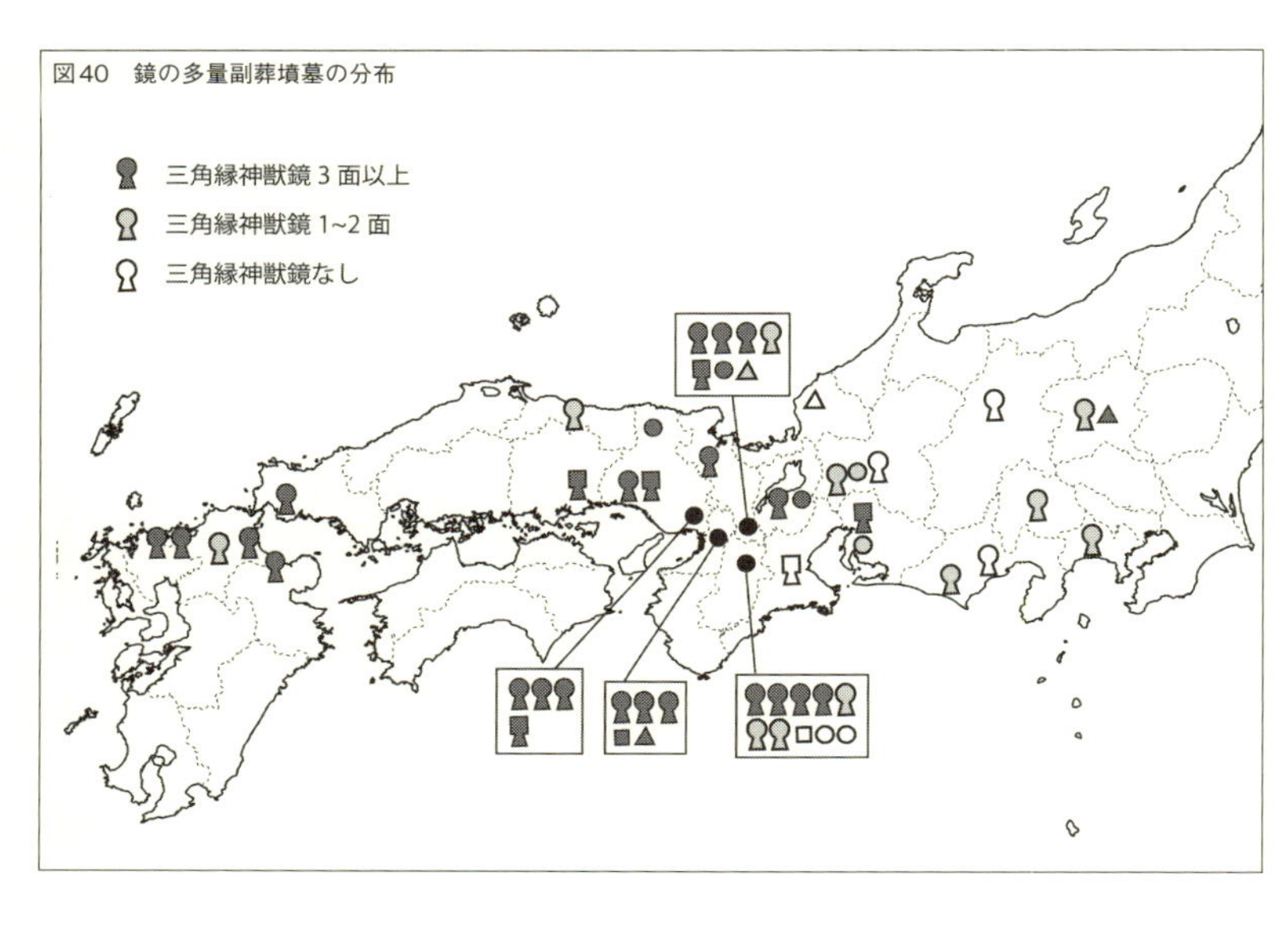

図40　鏡の多量副葬墳墓の分布

できる。

福岡県沖ノ島の祭祀遺跡では、前期と見られる祭祀遺構で8面の三角縁神獣鏡を含む総数13面の鏡が出土している。三角縁神獣鏡は6面が仿製鏡とされている。沖ノ島では中期から後期にかけても45面の鏡のほか、各種玉類や石製模造品、武器具類など様々ないわゆる「威信財」が出土している。ここでも、僻邪の祈りに鏡が用いられている。これらはヤマト王権による航海の安全を祈願した遺跡と目されている。それは、九州島を中心とする海民集団が既得権的に持っていた朝鮮半島への渡海ルートへの参画、ないしは独自のルートを持とうとした形跡と見ることができる。

『朝鮮半島出土外来系遺物集成』によると、朝鮮半島南部で出土したBC三世紀からAD三世紀初までの倭系遺物は420点ほどある。そのうち、西部瀬戸内など九州島以外の可能性があるものを多めに数えても10点ほどである。圧倒的に九州島の遺物が占めている。近畿圏に属する可能性があるものは、近江系と思われる甕1点だけである。この時期の朝鮮半島との交通は西北部九州の集団が一手に担っていたと考えるのが自然である。

大阪湾岸にも河内平野を中心に三世紀初頭前後の渡来系遺物が認められる。しかし、この時期に畿内の人々が渡海の役を担った痕跡は皆無に近い。九州島西北部の集団を勢力下におさめた形跡もない。二世紀代後半から三世紀前半、彼らが朝鮮半島の文物を直接入手する手だてはなかった。

第三節　多量副葬の終焉と前方後円墳社会の変化

多量副葬の終焉と三角縁神獣鏡の終焉が、軌を一にしていることはすでに触れた。畿内地域では中期初めの奈良県室宮山古墳、京都府久津川車塚古墳が、多量埋納における三角縁神獣鏡の最後の使用例である。ほぼ同じ頃の大阪（河内）津堂城山古墳の8面の鏡に三角縁神獣鏡はない。羽曳野市誉田御廟山古墳（伝応神陵古墳）周辺にも、また列島最大の大仙陵古墳（伝仁徳陵古墳）周辺にも三角縁神獣鏡はない。少なくとも畿内地域の大王墓周辺では、前期末頃に多量副葬が終わったと見られる。巨大前方後円墳の築造がなくなったわけではない。むしろ前方後円墳は多量副葬の習慣が途絶えた後に、地域最大の規模になるところが多い。ということは、墳丘の巨大化を多量副葬の契機の一つに挙げたことと矛盾する。しかしそれは、畿内の大王墓が大和から河内に移る頃であり、墓に対する意識の変化や三角縁神獣鏡の供給者に対する各地首長の対応が変わったと考えるべきであろう。

多量副葬の終焉の要因

5面以上の副葬例はわずかながら中期まで見られる。福岡県津屋崎41号墳（前方後円墳97ｍ）と熊本県江田船山古墳（前方後円墳62ｍ）は、横穴式石室と三人を埋葬したと推定されている横口式家型石棺の出土例である。一人への副葬でない可能性が高い。また、出土状態が不明の栃木県雀宮（すずめのみや）牛塚古墳（帆立貝型前方後円墳57ｍ）と兵庫県敷地大塚古墳（円墳47ｍ）を除くと、14面の鏡を副葬していた和歌山県大谷古墳が最も新しく中期中葉に属する。鏡の多量副葬がなくなっても、鏡の副葬行為そのものは後期末頃まで続いている。後期の様相は基本的に一人一面の副葬といえる。それどころか、複数の人を埋葬する横穴式石室にも関わらず、鏡1面だけの出土例が約270例あることを考えると、同じ石室に複数の埋葬を行なう場合、1面の鏡があればよかったという見方もできる。前期の多量副葬に見られた封じ込めという強い思いは認められないものの、儀礼化された辟邪の観念がこの時期にも続いていたといえるであろう。後期になっても閉じられた棺にこだわった畿内地域では、その意識が残っていた可能性が高い。

三角縁神獣鏡と多量副葬の習慣はなぜ終わったのか。副葬品の変化で見れば、前期に大型墓にまれに見られた甲冑類が普及する。鉄製武器類の大量副葬や鉄鋌類の集中副葬も畿内地域で認められる。これらも、ヤマト王権の威信財として配布されたという論理がしばしば見られる。それら新しい副葬品の配布によって、三角縁神獣鏡が「威信財」としての存在価値を失ったということだろうか。卑弥呼の鏡の正体は画文帯神獣鏡だったという解釈も、福岡県祇園山古墳外周の土器棺墓例を見ると説得力がない。多量副葬が衰退する合理的な解釈にはなっていない。

その終焉時期の考古事象から考えることにしよう。

葬送形態の変化という視点から、腐食する木棺に代わる石棺の登場に注目したい。弥生時代にあった組合せの箱形石棺ではなく、大石を丁寧に加工して作られた石棺である。長さ3m前後の石材を蒲鉾形に削り、遺体を納める部分を半円形に刳り抜いて、割竹形木棺のように仕立てた石棺が香川県に登場する。花崗岩などに比べると軟らかい凝灰岩なので加工しやすいが、腐ることのない棺である。この時期の朝鮮半島にはない列島独自の棺である。

香川県で造られ始めた契機はわからないが、割竹形石棺の発案に初期ヤマト王権が関わっている可能性は高い。割竹形石棺の典型は、香川県鷲の山石で造られた大阪府柏原市安福寺在の石棺である。同府玉手山古墳群出土と伝えられる。割竹形石棺よりもやや遅れて登場する石棺に、熊本県の阿蘇溶結凝灰岩製の舟形石棺がある。割竹形石棺は長い側面を投影すると長方形になる。舟形石棺はその両端を斜めにそぎ落として、船底のような形になっていることから名付けられた石棺である。原理的には割竹形石棺と同じである。

この刳り抜き式の石棺は、その後組み合わせの長持形石棺に変わる。長持形石棺の祖形とされる大阪府松岳山古墳（前方後円墳１２０ｍ）の石棺石材の一部は鷲の山石である。この古墳からは１８７０年代に型式不明の鏡が3面出土している。畿内の長持形石棺は、兵庫県高砂市一帯に産出する流紋岩質凝灰岩が使用されている。『播磨風土記』に讃岐羽床（鷲の山石の産地付近の地名）との関係が記されている。畿内の大王墓の棺となった長持形石棺の石工技術の源流が香川県にあったことをうかがわせる記述である。

この石棺の登場と符合するように鏡の多量埋納が衰退する。墳長１００ｍの香川県快天山前方後円墳では、後円部の3基の石棺に1面ずつ鏡を副葬している。香川県には東部にも火山石と呼ばれる石材産地がある。赤山古墳（前方後円墳50ｍ）には火山石製の3基の石棺があり、乱掘のため組合せは不明ながら計3面の鏡が出土している。同じく岩崎山古墳（前方後円墳50ｍ）の石棺からは2面の鏡が出土している。この石棺は作り付けの石枕が向い合せに一つずつ設けられていて二人を埋葬したと見られる。

熊本県の石棺材産地にある向野田古墳（前方後円墳86ｍ）の石棺では頭部付近に鏡3面、右手首付近に貝輪型石製模造品、足元に貝輪が多数副葬されていた。貝輪形石製模造品が腕近くにあった希少例である。

香川県や熊本県は多量副葬例が知られていない地域なので、もともと多量副葬の習慣がなかった可能性もある。

中期に下る石棺の例を見よう。大阪府津堂城山古墳（前方後円墳２０８ｍ）の長持形石棺では、棺内から8面の鏡が出土している。奈良県室宮山古墳（前方後円墳２３８ｍ）では、後円部の南石槨盗掘後の土の中から三角縁神獣鏡片1面が出土している。その前方部の割竹形木棺からは11面の鏡が出土している。京都府久津川車塚古墳（前方後円墳180m）では、8面の鏡が出土している。和歌山県紀ノ川沿いの大谷古墳（前方後円墳63m）では、九州から運ばれた組合せの家型石棺が用いられ、14面の倭鏡が副葬されていた。岡山県鶴山丸山古墳（円墳54m）は香川県火山石産の家型石棺で、三角縁神獣鏡4面を含む33面の鏡が出土している。聞き取り調査によって鏡は石棺の外に並んでいたと報告されている（梅原末治／1938年「備前和気郡鶴山丸山古墳」『近畿地方古墳墓の調査』3日本古文化研究所報告9）。

これらはそれぞれの地域の多量副葬の最終段階であり、畿内では以後鏡の多量副葬はない。前期後半に登場し、有力古墳に採用され始めた石棺と対称的に鏡の多量副葬が急激に衰退し、三角縁神獣鏡が激減する。あわせて埴輪による墳丘の囲い込みや形象埴輪を用いた埋葬施設の囲い込みなど、遺体包囲網は強化されている。木棺よりも堅固な石棺も、封じ込めに威力を発揮したであろう。

その石棺が用いられ始めると、多量の鏡による封じ込めは不要になった。鶴山丸山古墳や大谷古墳の多量副葬は、畿内地域の鏡多量副葬習慣廃絶から取り残された最後の姿といえる。

北部九州は、畿内瀬戸内北岸に次いで三角縁神獣鏡が多い地域であったが、前期末以降、畿内地域より先に三角縁神獣鏡が姿を消した。この地域では、追葬を行なう横穴式石室がいち早く登場した。何度も墳丘内に立ち入り、先に埋葬した遺体と対面する施設である。遺体の封じ込め、あるいは遺体の保護という畿内の埋葬思想の対極にある葬送行為である。埋葬にあたって、鏡は1面か2面あれば事足りたということであろう。これもまた、多量副葬の終焉につながる要因であろう。その場合も鏡の種類にとくにこだわりがあるようには見えない。とすると、ヤマト王権による鏡の配布という権威づけ的な行為があったことさえも疑問視せざるを得ない。仮に三角縁神獣鏡や貝輪形石製模造品をヤマト王権が配布していたとすれば、ヤマト王権がどのような意図をもって配布していたとしても、配布行為そのものの権威的側面が失われたことになる。

その解釈はともかく、三角縁神獣鏡の衰退と多量副葬の終焉は、畿内地域の巨大墳墓の移動や列島内における各地勢力の台頭と関連していると考えられる。四世紀後半は、列島社会が大きな変動期に入る時期である。前章で記したように、畿内の大王墓に匹敵する巨大墳墓が各地に築かれる。ヤマト王権内部にも大和地域内での巨大墳墓造営地の移動に留まらず、大和から河内に巨大墳墓造営地が移動する。九州と瀬戸内各地に須恵器窯が築かれ、朝鮮半島系の文物の流入も著しくなる。

前方後円墳社会の変化

四世紀の朝鮮半島に見られる倭系遺物は土師器系土器を主とし、東南部の加耶と新羅の集落や墓で出土している。西海岸地域では、いまのところ未確認である。日本列島から持ち込まれたと考えられる土器と現地で変容を受けたと思われる土器がある。多くは九州系の土器と目され、西部瀬戸内や山陰系の可能性がある土器も見られる。金海本山里墳墓群、同亀旨路墳墓群、同禮安里墳墓群では、それらの「土師器」を副葬した墓が数多くある。墓に土器を供える弥生的な祭祀は、畿内地域では四世紀初めに途絶えている。

土器以外の文物では、慶州月城路カ29号墳出土の貝輪形石製模造品や金海市大成洞古墳群、釜山市福泉洞古墳群の巴形銅器、鏃型石製模造品がある。また、製作地を巡って日韓それぞれで研究者の意見が分かれている筒形銅製品も、この地域で集中的に出土している。

ヤマト王権が執着していたはずの鏡は大成洞古墳群で2面出土しているが、1面は倭鏡片である。彼らがヤマト王権のために中国鏡の流通を仲介するほど鏡に関心があった様相はうかがえない。朝鮮半島各国の首長たちが中国経由の製品に抱いていた関心は、墓出土資料を見る限り銅鍑や鐎斗などの青銅容器や青磁器、帯金具や金箔ガラス玉などの装飾品である。その品々は四世紀の列島では、いまだに確認されていない。この時期の韓人社会と倭人社会で鏡に対する価値観に違いがあることは歴然としている。倭人社会全体に中国王朝の権威を重んじる風潮が浸透していたのだとすれば、なぜそのほかの中国製品に目を向けなかったのか。新たな謎が生じる。

ところで五世紀から六世紀の朝鮮半島出土倭系文物は、分布様相が大きく変化している。

この時期の倭系文物は慶尚南道と全羅南道を中心に西南部に分布し、慶尚北道東部や忠清北道、京畿道ソウルにもわずかに認められる。須恵器を中心に、土師器、甲冑などの武器具類がある。土師器や須恵器の中には、器形は倭系であるが在地で作られた可能性を考慮したほうがよいものも少なくない。慶尚道地域では基本的に墓から出土しているが、全羅南道では集落遺跡と墓で出土している。

しかも、全羅南道では墓と集落出土例はほぼ拮抗している。集落出土例では、光州香燈遺跡や光陽石亭遺跡のように数棟の住居址が集中しているため、資料数が増えている。同じ住居址から在地の土器も出土しているので、倭人が韓人の生活に溶け込んで暮らしていたことも充分考えられる。弥生中期から三世紀まで、泗川勒島や金海地域を拠点としていたが、五・六世紀は栄山江流域と全羅南道南海岸部に通交の拠点が移ったかのようである。

慶尚道の倭系文物出土分布を見ると、五世紀代は洛東江河口部を中心にその支流の南江上流域にあたる陜川、山清に集中しているが、六世紀代は馬山から咸安と南江上流域、大加耶勢力圏の慶尚北道高霊が中心となる。釜山福泉洞93号墓の土師器系土器を除くと、基本的に中国・北方系文物と共伴していない。須恵器や土師器系土器の副葬が主体であるが、高霊池山洞44号墓では慶州皇南大塚南墳と同様の夜光貝製の匙が出土している。池山洞古墳群は大加耶の王墓が集中し、44号墳も墳丘内に32基の殉葬者の石槨を配した王墓の一つと目されている。隣接する45号墓も王墓と考えられており、倭鏡片が出土している。また、陜川地域を中心に倭製甲冑がいくつか出土している。景山里1号墳は、九州を中心に認められる石屋形と呼ばれる石室構造を持っている。

全羅南道の倭系文物は、栄山江流域を中心に南海岸部に分布する。倭系古墳と呼ばれる墓も築かれている。その代表例が前方後円墳である。２０１５年現在、不確実なものを含め16基確認されており、すべて全羅道南西部に集中している。これらの墓には、しばしば円筒埴輪や朝顔型埴輪が伴っている。在地系土器の一部が埴輪のように用いられたものもある。また、九州島の竪穴式石槨と類似した石槨に倭系甲冑を副葬した墓も点在している。高興半島にある直径40ｍ弱の雁洞古墳では、百済の金銅製冠帽と飾履とともに倭製甲冑と位至三公鏡が出土している。同じく高興半島にある野幕古墳では、倭製甲冑と位至三公鏡、素文鏡が出土している。これらの鏡は倭人社会から持ち込まれたとされる。位至三公鏡は列島内各地に点在するが、その6割は九州島で出土している。これらの鏡の出所を暗示している。

栄山江流域に展開する前方後円墳には、横穴式石室を設けたものが多い。光州市月桂洞古墳はくびれ部方向に開く横穴式石室を持ち、円筒埴輪が出土している。月桂洞古墳は、五世紀代の墳墓と考えられている。その年代観が正しいとすれば、前方後円墳に横穴式石室を設けた人は、ヤマト王権の造墓思想と一線を画していた人たちと考えざるを得ない。この時期、横穴式石室の発想は、九州島の人々にしかなかった。

また、六世紀前半頃と考えられている海南龍頭里古墳は前方部方向に羨道を向け、墳丘上部から立坑を掘っている。中国陶磁器の銭文土器と銀箔ガラス玉が出土している。中国系文物が前方後円墳から出土している例は、横穴式石室を持つ咸平瓢山古墳（墳長46ｍ）で銭文土器が出土しているほか、同じく横穴式石室の咸平新徳古墳（墳長51ｍ）で金銅製冠・飾履とともに金箔ガラス玉が多数出土している。また、約４００年間にわたって41基の埋葬施設が造られた羅州伏岩里3号方形墳では、六世紀前葉の96横穴式石室内に4基の甕棺があり、4号甕棺で金銅飾履と須恵器が共伴している。さらに、1号甕棺下部の棺台石の間から金箔ガラス玉を含む多数の玉類が出土している。この石室は、倭系の横穴式石室と考えられている。

一方、列島における渡来系文物を見ると、五～六世紀にかけて大きな変化が見られる。

四世紀代は後漢鏡や魏鏡とされる鏡を除くと中国王朝系遺物はほとんどなく、鉄器が中心である。加工用の鉄素材との見方もある板状鉄斧や甲冑など鉄製武器具類などである。それらは基本的に朝鮮半島東南部の加耶地域を経由して入手されたと考えられる。ところが五世紀代以降は、中国王朝系の青銅熨斗や鐎斗、西域系のガラス容器など三国諸国でも王墓級の副葬品に見られるもののほか、新羅や百済・大加耶の有力首長墓に副葬されるいわゆる威勢品（図41）が増える。

朴天秀氏によると、畿内地域の副葬品は五世紀中葉頃までは新羅系文物が多い。大阪府誉田御廟山古墳（伝応神陵古墳）に接する丸山古墳出土の鞍は、新羅産または新羅から渡来した工人によって作られた（朴天秀／２０１１年　前出）という。また、垂れ飾りが付いた耳飾り＝垂飾付耳飾（すいしょくつきじしょく）（以下耳飾りと略称する）や金・銀製釧など新羅系文物のほか、青銅熨斗やガラス容器が出土している奈良県新沢千塚１２６号墳、同じく新羅系の副葬品を持つ奈良県五條猫塚古墳の被葬者は、新羅人の可能性が高いという。ガラス容器は大仙陵古墳からガラス碗の出土が伝えられているほか、大阪府安閑陵古墳でも出土している。西域系のガラス容器は百済領域を含む西海岸地帯にはないことから、青銅熨斗とともに新羅経由で入手したものと考えられる。

畿内以外でも、加耶・新羅・百済の王族や官人層の墓に副葬されている冠や飾履、耳飾りなど階層性を象徴する朝鮮半島系の文物が各地で出土している（図42）。

九州島では、熊本県江田船山古墳（前方後円墳）で百済の冠帽一式と飾履、耳飾り、大加耶系の耳飾りが出土しているほか、佐賀県関行丸古墳（前方後円墳）、同島田塚古墳（前方後円墳）など12例あり、西半側

図41　各地の朝鮮半島系威勢品　1～5 江田船山　6 鷺ノ宮病院跡　7 長者ヶ平　8·9 二本松山10 西塚
11 朝日長山　12 桜ヶ丘　13 三昧塚　14 山王金冠塚　15 姉崎二子塚　16 浅間山　17 桑57号
18・19 高井田山　20 一須賀W1号　21・22 新沢千塚126号　23 車塚　※1～3 堺市教育委員会
4・5 和水町　16 千葉県文書館　20 近つ飛鳥博物館　各機関提供　6～15・17～19・23 朴天秀氏

に集中している。瀬戸内では山口県塔の山古墳で百済系の冠帽と飾履の出土が伝えられ、愛媛県東宮山古墳と香川県鑵子塚（円墳）で金製および銀製の冠飾りが出土している。耳飾りは兵庫県播磨地域の西宮山古墳（前方後円墳）とカンス塚古墳（円墳）の2例が知られている。

畿内地域は先に挙げたものを含め8例あり、冠や飾履は、大阪府峯ヶ塚古墳（前方後円墳・五世紀末ないし六世紀初）と一須賀W1号墳（円墳・六世紀末）、奈良県藤の木古墳（円墳・六世紀末）で出土している。また、大阪府高井田山古墳（円墳・五世紀末）で青銅熨斗と金箔ガラス玉が出土している。いずれも横穴式石室で、一須賀W1号墳と高井田山古墳は渡来系人の墓と目されている。

注目されるのは、日本海側と中部・関東地域の分布である。山陰では、島根県築山古墳、鷺ノ宮病院跡地の横穴墓と鳥取県長者ケ平古墳（前方後円墳横穴式石室）で冠飾りが出土している。北陸は福井県若狭湾地域の十善の森古墳で百済系の飾履、向山古墳と西塚古墳で大加耶系の耳飾りが出土している。いずれも横穴式石室を持つ前方後円墳である。構造的な特徴から九州系の横穴式石室と考えられている。そのほか、永平寺町二本松山古墳（前方後円墳石棺墓）で大加耶系の鍍金冠と鍍銀冠が、天神山古墳（前方後円墳粘土槨）で耳飾りが出土している。また、富山県氷見（ひみ）市朝日長山古墳と高岡市桜谷7号古墳でも金銅製冠帽や冠飾りが出土している。これらの遺物が出土した北陸地域の横穴式石室は九州系の要素が指摘されている。

中部関東地域では、長野県桜ヶ丘古墳（円墳）で金銅製冠、畦地1号墳（円墳）で銀製耳飾りが出土しているほか、隣接する群馬県では、前橋市金冠塚古墳（前方後円墳）で金銅製冠、高崎市下芝谷ツ古墳（方墳）で飾履、同市剣崎長瀞西古墳群で金製耳飾り、同市井出二子塚古墳（前方後円墳）で金製装飾品が出土している。また、東京狛江亀塚古墳（前方後円墳）と千葉県浅間山古墳（前方後円墳）で金銅製冠飾りが、千葉県二子塚古墳（前方後円墳）と祇園大塚山古墳（前方後円墳）で銀製耳飾り、茨城県三昧塚古墳（前方後円墳）

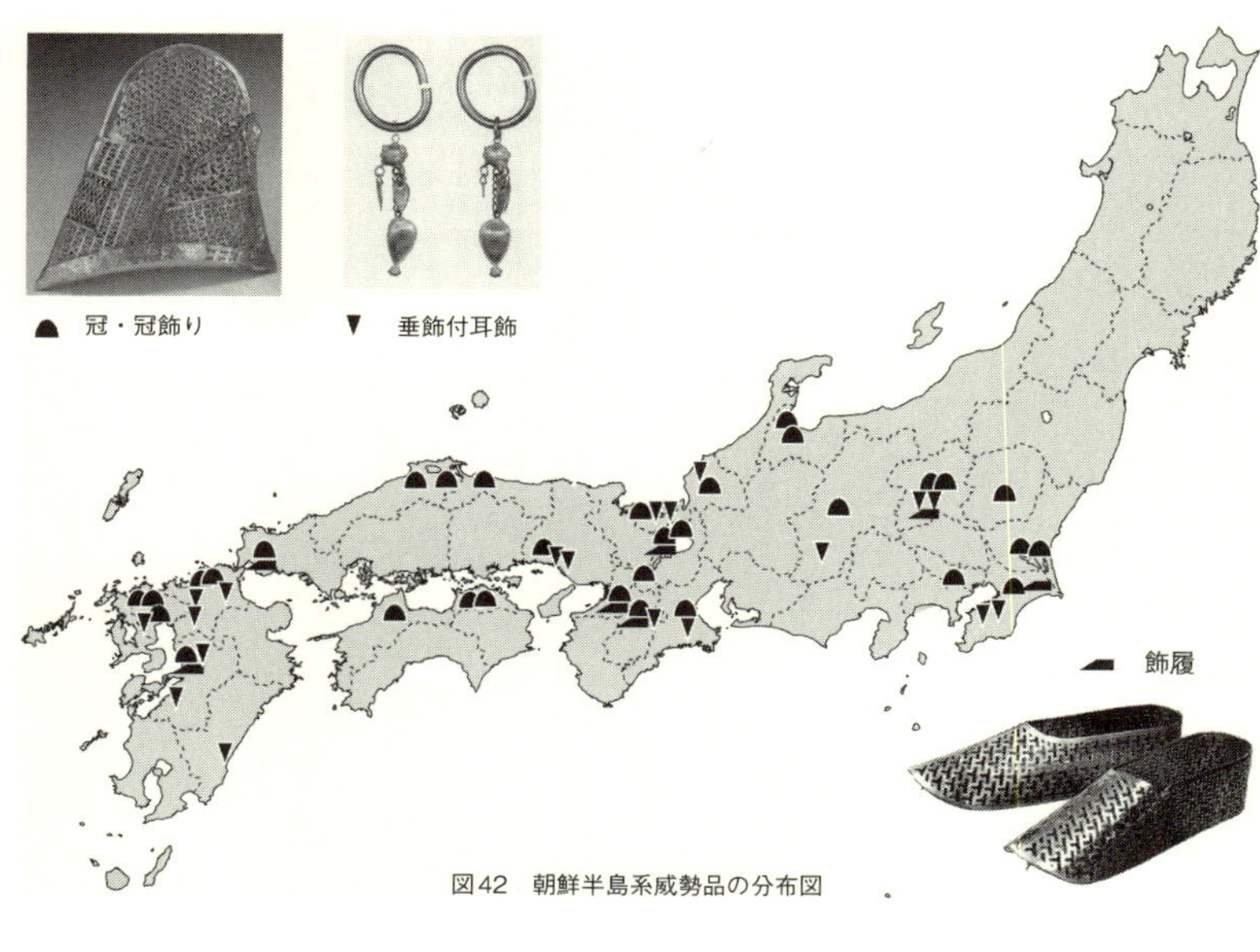

図42　朝鮮半島系威勢品の分布図

で金銅製冠と金銅製耳飾りが出土している。

これらの分布様相から朴天秀氏は、列島各地出土の半島系文物の様相が金官加耶系→新羅系→大加耶系→百済系→新羅系に推移していることを指摘している。そして、大加耶系の冠や耳飾りなどの出土地が北陸地域や長野県、関東地域に集中していることに着目し、ヤマト王権とは別に大加耶系文物が直接これらの地域に入るルートがあった可能性を指摘している（朴天秀／２０１１年　前出）。

高田貫太氏は「倭王権が製品や渡来系工人を管理し、『配布』的行為をとおして祇園大塚山や畦地1号墳（長野県所在—筆者注）へもたらされたという過程を想定することもできる」（上野祥史編／２０１３年　前出書「朝鮮半島系垂飾付耳飾とヤマト王権」94頁）としつつも、畿内以東の大加耶系の垂れ耳飾りの分布などから、倭王権とは別に東京湾、上毛野、伊那谷、若狭湾沿岸とその周辺地域から朝鮮半島につながる「独自のネットワークに参画していたと想定したい」（同書１００～１０１頁）という見解を示している。

両氏の提言は重要である。

２００７年に亡くなられた門脇禎二氏（元橘女子大学学長）が海人と海部に関連して各地の国造の同祖関係の図を示している（門脇禎二／２００８年『邪馬台国と地域王国』吉川弘文館１３８頁）。これによると鳥取県西部の伯耆の国造は千葉や福島南部の国造と、東部の因幡の国造は茨城の国造と同祖関係を持っている。先の両氏の想定と一脈通じるところがある。門脇氏はヤマト王権もまた一つの地域国家と見て、地域王国論を提唱している。

第三章で触れたように、日本海側では弥生時代後期から四隅突出型墳丘墓という個性的な墓制を広範囲に共有していた。いわば四隅連合の世界である。これらの地域に前方後円墳が広がるのは、かなり遅れる。その海路が前方後円墳時代にも脈々と続いていた証でもある。

この時期、ヤマト王権のみが倭人社会を代表して朝鮮半島の諸国や中国王朝と交通関係を持ち、渡来系文物を入手し各地首長に配布したという証左はない。中国南朝に朝貢した倭王は、河内に巨大墳墓を築いた王権であることは疑わない。しかし、その支配領域が前方後円墳を築いている全域に及んでいたことの証明にはならない。対外交通権を独占していたという根拠にもならない。

そもそも、中国社会では市販されていたという鏡などと違って、百済・新羅の冠や飾履、大加耶の冠は基本的に身分証明のために個人に一個ずつ与えられたものである。それをヤマト王権がいくつも入手して、列島各地の首長に配布することなどおよそ考えがたい。

鏡についても、中国王朝との直接交渉で入手したという解釈もまた難がある。新羅や百済が朝貢して得た返礼品にある青銅容器や陶磁器がない。ヤマト王権内の関心外だったのか、それとも最新文物に対する知識がなかったのだろうか。ヤマト王権が中国王朝の権威として時代遅れの鏡だけにこだわった理由が理解できない。

江田船山古墳でワカタケルと判読された銀象嵌の刀が出土している。これをヤマト王権の支配が及んだ証拠という主張がある。しかし、江田船山古墳の冠帽は、百済の冠の中でも最上級の冠という。ヤマト王権の刀の論法でいえば、江田船山古墳一帯まで百済の支配が及んだ論拠にもなる。それよりも、江田船山古墳の被葬者は二つの国に仕えた首長、あるいは二つの国を手玉に取った首長という見方や、二つの国の仲立ちをして両国の王から冠と刀を贈られた対等の首長という見方のほうが現実味がある。

冠や飾履の出土地は、五世紀末から六世紀後半にかけて畿内から遠い地域に集中している。これら各地の首長はヤマト王権とは別に、独自に百済・新羅・加耶と交通していた可能性が高い。冠や飾履はその王権にも仕えた人々に贈られたもの、あるいは、その王権から列島各地の首長（王）のもとに派遣され、その地で暮らした渡来人たちに下賜されたもの、または、韓半島との往来を担った集団の長に贈られたと考えるほうが自然である。

ヤマト王権もまた、彼らとは別に同じ立場で朝鮮半島や中国に渡海した可能性が高い。ヤマトの王権周辺に新羅系文物が多いのは、金官加耶や新羅との古い交通関係に依存し、その西方諸国との交通関係を確立するのが遅れたことも関係しているのかもしれない。ヤマト王権が中国王朝に爵位を要請したのは、新羅や百済への支配権を目指したというより、百済を始めとする大加耶以西の諸国と独自に交通関係を持っていた列島各地の倭人集団（王権）を牽制する目的だった可能性さえ感じられる。

終章　邪馬台国とヤマト王権

錯覚の積み重ね

邪馬台国について随分遠回りに接近してきた。直接的な叙述は一切しなかった。従来の邪馬台国論争に欠けていた地域ごとの歴史的背景を客観化するためである。前・後史を抜きにした論争は説得力がない。一つの錯覚から始まった主張の恐れがあるからである。

錯覚の邪馬台国像はどのようにして形成されたのか、倭人伝の記述にもとづいて女王国を具体的にイメージしてみよう。

倭の諸国はもと男王がいたが、長い間争っていた。そこで女王卑弥呼を共立して収拾した。魏が公孫淵（後漢末期、中国遼東地域を拠点に勢力を広め、遼東太守となった公孫氏最後の領袖）を倒し楽浪地域を領有したのを機に、卑弥呼は魏に朝貢した。親魏倭王の金印と紫綬をもらった。狗奴国が従わないので、魏に応援を求めた。卑弥呼没後、男王が立ち、再び相争って多数の死者が出た。この争いも宗女壹與（いよ）を立てることで収まった。

女王壹與のもとで安定は保っていても、その30国はもともと覇権争いをしていた国々である。代々王がいた国もあった。決して一枚岩とはいえない連合体である。そのうちの最も人口の多い国が、女王の住んでいた邪馬台国であった。だからといって、30国の中の最強の国とは限らない。まして列島最強国とはいえない。なにしろ狗奴国（狗奴国連合と呼ぶ研究者もいる）を恐れて、魏に助けを求めた女王国である。

そのような連合体の盟主であった邪馬台国を列島最強の国と思い込んだことが、錯覚の一つのように思われる。中国王朝と関係を持っていたとしても、列島諸集団を代表する存在とは限らない。

次なる錯覚は、邪馬台国とヤマト王権を結び付けたキーワードの一つである鏡。列島の鏡文化は東アジアの中でも特異である。邪馬台国も初期ヤマト王権も鏡へのこだわりがあった。

邪馬台国が魏に朝貢したことに対する国家的返礼品とは別に、卑弥呼個人に贈られた、いわば土産物（平野邦夫／１９８９年「倭人伝の現代語訳と解説」『吉野ヶ里遺跡点図録』朝日新聞社）の一つが百枚の鏡である。卑弥呼の好物を中国王朝が知っていたとすれば、漢王朝代からの通交による予備知識が魏国にあったからであろう。卑弥呼個人への贈り物は、ほかに紺地句文錦（こんじくもんきん）3匹、白絹50匹、五尺刀2口など7種がある。贈り物の最後のほうに記されている銅鏡１００枚はいかにも多い。贈る側から見るとほかの贈り物、例えば真珠50斤に相当するのが銅鏡１００枚分ということだろうか。

その鏡を、卑弥呼に与えられた国際関係を象徴する金印・紫綬と同格に扱ってしまったところから、私たちの壮大な錯覚が始まっているのではなかろうか。

ちなみに神原神社古墳出土の三角縁神獣鏡は、鈕の部分に鋳出したときのバリがそのまま残っている。いわば未完成の状態である。福岡県那珂八幡古墳出土の鈕孔の縁も研磨していないという。鈕口に紐が残っていたのでバリがあっても問題がなかったのかもしれないが、魏王たるものが未完成の品物を贈ったというのは、魏の国の威信を貶めることになるのではないか。また、それをそのまま「威信財」として各地首長に配布したという卑弥呼のセンスも理解しがたい。

ヤマト王権も一時的にせよ、三角縁神獣鏡の大量副葬を行ない、点的分布ながら各地にその習慣を広めた。その三角縁神獣鏡の中に魏に朝貢した景初三年を刻んだ鏡がある。卑弥呼の使者が女王国に戻った正始元年の三角縁神獣鏡や、幻の景初四年を刻んだ斜縁盤龍鏡もある。魏王朝との通交関係があった人たちしか知らない年号が刻まれている事実は重い。これらの鏡がどこの地で作られたにせよ、卑弥呼の遺使を知っていた人たちと関わっていた可能性が高い。このほかに、卑弥呼の遺使年に近い魏の年号や呉の年号を刻んだ鏡もある。これらの鏡の入手経緯も不明だが、三角縁神獣鏡は畿内を中心に広く分布しているのは事実である。鏡の副葬とともに大量の鉄器の副葬も始まる。

その部分だけを見れば、邪馬台国とヤマト王権を関連づける主張もうなずける。大和を中心とする集団が列島最強の勢力を形成していたことは確かである。

邪馬台国大和論の錯覚

しかし、卑弥呼の時代の畿内地方には、鏡を「威信財」と見る文化そのものがない。生活の中のお守りの道具にすぎなかった。

この時期、鏡を副葬する文化は、ほぼ九州島の北部だけである。鏡だけでなく鉄器の分布実態も畿内地域は乏しい。朝鮮半島南部の倭系文物出土資料中にも畿内産と目されるものは皆無である。弁・辰の鉄を求めた倭人の姿に畿内地域の人を重ねることは難しい。朝鮮半島との通交は畿内勢力の指示によって九州島の人々が関わったので畿内の文物がなくてもよい、という論法も裏付けとなる朝鮮半島の文物が畿内に希薄な状態では成立しえない。弥生後期に北部九州の勢力にとって代わり、畿内勢力が鉄や鏡を入手したという想定そのものに無理がある。

邪馬台国は最強の国とは限らない。むしろ魏の威力に頼ることで、隣国との均衡を保とうとした危うい存在であった可能性が高い。

それは、邪馬台国連合と対峙していた狗奴国も朝鮮半島や中国王朝の存在をある程度知っていたことを示唆する。そういう条件を畿内地域とその周辺・東海地域に見出すことはできない。卑弥呼共立の頃、朝鮮半島や楽浪地域との通交関係を持っていたのは、ほぼ九州島の人々に限定される。九州島からは威勢品的な意味合いを持つ銅矛や倭鏡が朝鮮半島南部にもたらされているが、この時期のヤマト勢力内固有の文物は朝鮮半島に認められない。

ダメ押しをするようにいうと、弥生後期から庄内式並行期に、畿内勢力が九州島の諸勢力に代わって朝鮮半島との通交関係を掌握したのであれば、畿内勢力固有の威勢品的な文物がかの地にあってもいいはずである。しかし、畿内には、瀬戸内や九州の人々の関心を引き付けた固有の「威勢品」がない。

畿内勢力に九州島の勢力を抑えたい意図があったとすれば、量的に不足していた鉄器類の入手であろう。鉄器入手のために瀬戸内・畿内集団が大同団結した可能性は高い。それでも、弥生後期から庄内式並行期瀬戸内地域は九州島から東に離れるにしたがって、鉄器の出土量が次第に少なくなっている。とくに中部瀬戸内以東で急激に少なくなっている。鉄器の種類は武器類よりも斧や鎌、鉇など農工具類主体である。畿内地域の出土量が少ないのは、その地域集団が鉄器を大事に使っていたことを反映している可能性が高い。畿内地域では、鉄製品を再加工した炉跡などの確認例は少ない。つまり、欠損すると研ぎだして使う鉄器加工である。それは、鉄器または鉄素材の入手が容易でなかっただけでなく、製鉄加工技術もまだ充分に定着していなかったことを意味している。

鉄器の安定入手は、畿内集団にとっても重要な課題であったはずである。その畿内勢力が鉄を求めて隣接地域と連携を図ったとしても、せいぜい中部瀬戸内までである。関門海峡の手前の大分県、山口県地域は九州島西北部勢力の恩恵下にある。この地域の土器が、朝鮮半島南部でも出土している。この地域の集団が、あえて東の集団に頼る必然性はない。弥生後期に朝鮮半島との通交権を畿内勢力が掌握したという想定は、考古資料では確認できない。

邪馬台国を大和に求めようとしても、この時期の畿内地域はおよそ邪馬台国候補地としての歴史的要件を満たしていない。邪馬台国は、北部九州の中で考えざるを得ない。特別な根拠はないが、邪馬台国は初期ヤマト王権の連合体から取り残された地域、言い換えれば、三角縁神獣を伴う前方後円墳が分布しない地域にあった可能性がある。それは、玄界灘に面していない地域のことである。邪馬台国も壹與もこの後、歴史の闇に消える。

初期ヤマト王権の実態

とはいえ、大和では巨大な前方後円墳を築き、三角縁神獣鏡を多量副葬し、鉄器の多量副葬も行なわれている。少し遅れて貝輪形石製模造品の副葬も始まる。纏向型の前方後円墳を除いて、卑弥呼の時代に畿内にはほとんどなかった文物であるが、これらは初期ヤマト王権を象徴するものといえる。景初三年銘文がある以上、三角縁神獣鏡は卑弥呼の遣使事情と無関係と単純に切り捨てられない。とすると大和に副葬用の鏡や鉄製品をもたらしたのは誰なのかが問題になる。

この先はこれまでに記してきた状況証拠をもとに隔靴掻痒を免れないが、机上の論理を積み重ねていくしかない。一つの想定を示してみよう。異論もあるに違いない。むしろそれを期待したい。

年代順に大和の中の変化を見ると、以下のようになる。

卑弥呼の没後にホケノ山古墳が築かれ、鏡と鉄刀11点、鉄鏃・銅鏃各数十点など多数の金属器が副葬されている。畿内地域に鏡副葬と金属製武器の副葬文化が流入し始めた時期である。空前の規模を持つ箸墓古墳の竣工は270年代半ばである。宮山型特殊器台から都月型特殊器台型埴輪の転換期にあたる。竪穴式石槨もこの頃に登場する。三角縁神獣鏡の副葬が始まるのはさらに遅く、布留1式が始まる280年代以降である。少なくとも魏から晋に王朝が交替した後である。

初期前方後円墳の属性は、細長く撥型に開く前方部を持つ墳丘形態と竪穴式石槨、鏡や玉の副葬に加え金属製武器類の副葬である。金属製武器具の副葬も鏡の副葬と同じく畿内集団にとって新しい埋葬習慣である。これらは大和在地首長墓になかった埋葬形態である。初期前方後円墳の埋葬形態の原型は、畿内地域よりも早く瀬戸内地域でほぼでき上がっている。ただし、瀬戸内では一つの地域で、その展開過程を連続的に追うことはできない。瀬戸内の埋葬文化の中で鉄製武器の副葬は二世紀段階に始まり、鏡の副葬は三世紀になってから始まる。その鏡と鉄製武器の副葬文化は、九州島からもたらされたものである。

それぞれの集団独自の墓制のもとで、朝鮮半島や九州島の勢力を介して入手した鏡や鉄器などの希少品を副葬品の中に追加することはありうる。二世紀後半の島根県西谷墳墓群では、2号墓と3号墓で渡来系のガラス製釧とガラス異形勾玉が出土している。ガラス釧はほかに、京都府北部丹後の比丘尼屋敷墳墓、同大風呂南1号墓、福岡県二塚遺跡例があり、いずれも舶載品である。韓国全羅北道葛洞遺跡の墓からも類似品が出土している。このような器物が瀬戸内海ではなく日本海側に集中していることに注目したい。

さて、初期ヤマト王権の象徴の一つとされる定型化した前方後円墳の諸要素のほとんどは、畿内地域にその予兆を認めることができない。基本的にすべて西から来た要素である。しかも劇的といえるほどの変化である。あえて大和在地集団の創意を読み取るとすれば、墳丘の定型化と巨大化だけといってよい。

埋葬習慣は保守性の強いものである。多地域集団の墓制を真似て造るものではない。何よりも大和の集団にとって鏡や鉄製武器の入手は困難であり、副葬のための器物とする価値観の変更が簡単にできたとは思えない。

畿内地域では、青銅祭器である銅鐸は集団的保有物であった。鏡は日常生活で用いる護符のような存在であった。鉄器は実用的な農耕具を主体とし廃棄することなく使い続ける道具であった。そのような生活習慣のもとで、これらの金属器物が王権の「威信財」的な副葬品に格上げされるには、よほど大きな発想の転換が必要である。

大和の地で短期間に起きた墓制の急激な変化は、相応の外圧があったことを意味する。大和勢力が各地の埋葬形態を集約したのではなく、外圧によって大和の地に集約されたと見るべきであろう。

初期ヤマト王権の形成に中部瀬戸内の諸集団が関わっている可能性は極めて高い。ヤマト王権のシンボルの一つである前方後円墳の埋葬形態の原型は瀬戸内地域にある。しかし、この地域の集団が一体的な勢力を形成していたわけではない。近接地域同士で似たような墓制を展開していても、定型性と一貫性が欠けた地域単位の埋葬形態である。大和の地で築かれた定型化前方後円墳は、それを統合化した姿といえる。その統合化の主役は大和の勢力と考えるのが自然に思えるが、前史を見る限り期待感の域を出ない。なぜなら、鏡と鉄器はどこから供給されたのかという視点に立つと、別の解釈が必要になる。鏡がヤマト王権から「威信財」として配布されたというのであれば、その鏡や鉄器の保有者あるいは供給者こそが統合化された墓制の真の創出者の可能性が高いということになる。

繰り返し記してきたように、中・東部瀬戸内や畿内の勢力が独自に朝鮮半島や中国王朝からこれらの文物を入手できる状況ではなかった。庄内式並行期までの鏡や鉄器の分布実態を見る限り、瀬戸内・畿内勢力は九州島の集団を介して入手したと考えられる。

つまり、前方後円墳墓制の統合化の最も重要な部分に関与した鏡と鉄器の供給者は、九州島の鏡文化圏内に求めるしかない。もとより卑弥呼ではない。前方後円墳の統合化が達成されたのは卑弥呼の死後である。かといって、壹與と限定できるわけではない。壹與が共立される前に再び抗争が起きている。卑弥呼が入手した鏡がすべて各首長に配布されたのか、あるいは残っていたとしても、その鏡がそのまま壹與に引き継がれたのかさえ不明である。いずれかの首長に奪われた可能性もある。

いずれにしても、女王国の首長のうち、鏡鋳造の技術を持ち、海を渡る術に長け、朝鮮半島の事情にも通じているといった条件を備えている集団、あるいはその首長層が瀬戸内東方に連携の道を探った可能性を考えたい。卑弥呼が入手した１００枚の鏡のうちに青龍三（２３５）年を始め、魏の年号が刻まれた鏡が含まれていた可能性が考えられている。

その鏡の分布地は、宮崎県、山口県瀬戸内側、大阪府、島根県、兵庫県日本海側、京都府北部、山梨県、群馬県である。確実な前方後円墳は、山口県竹島古墳と四世紀半ばの大阪府和泉黄金塚古墳だけである。

この構図は、前章で見た五～六世紀の朝鮮半島系威信財の分布と類似点が認められる。西北部九州を起点とした海の道がこの時期にはあったことを示しているのと同時に、それぞれの地域首長が北部九州や朝鮮半島との通交にあたって畿内の集団に頼らなければならない必然性などなかったことを意味している。現実に山陰系の土器が、釜山東莱貝塚で出土している。紀年銘鏡が日本海側を中心に出土しているのは、西北部九州の勢力が東方連携の際に瀬戸内東進の保障として、日本海側勢力に贈った可能性も視野に入れておきたい。後々の渡海権確保のためである。

これは、あくまでいくつかの状況証拠を繋ぎ合わせた想定である。西北部九州勢力の集団的な移動を示す痕跡は認められない。

しかし初期ヤマト王権の成立過程を以上のように想定すれば、初期もヤマト王権が瀬戸内西部から朝鮮半島への渡海ルートを確保し、金属素材の入手手段を獲得できたことも理解できる。鏡や貝輪形石製模造品、巴形銅器などが、初期ヤマト王権の埋葬儀礼の重要な要素になったことも理解しやすい。少なくとも、弥生後期に畿内勢力が唐突に西北部九州勢力に代わって朝鮮半島との通交権を掌握した、という論法より現実的である。

初期ヤマト王権が成立する頃、朝鮮半島南部では馬韓地域の一角に百済が、辰韓・弁韓地域の一角に新羅および加耶の諸政治体が初期国家を形成し始めている。初期の百済の支配領域はソウル漢江北岸を中心とした数十㎞程度といわれている（朴淳撥(パクスンバル)２００７年／「墓制の変遷で見る漢城期百済の地方編成過程」『韓国古代史研究』48　韓国古代史学会）。その領域拡大は、５世紀初頭でも点的に主要拠点を取り込みつつ進められ、忠清道はおろか漢江以南の京畿道でさえも面的な領域化ができていなかったという（土田純子２０１５年／「考古資料から見た漢城期百済の領域拡大過程研究」『第12回매산記念講座　中部地域漢城百済期の百済周辺政治体の動向』崇実大學校）。百済の威勢品を伴う在地勢力の中には、新羅や伽耶とも通じていた勢力があったことも指摘されている。こうした視点が倭人社会を考える際にも必要である。

初期ヤマト王権の変質（崩壊）とその後

鏡は一貫してヤマト王権の威信財という解釈も錯覚ではないか。

卑弥呼は１００枚の鏡をもらった。卑弥呼の時代、女王国内の鏡は払底していた。その時点では、女王国とその周辺の鏡を副葬する世界で「威信財」的要素があったかもしれない。その一方で、卑弥呼の在位中の伊都国にある王墓では40面もの鏡を打ち割って、墓壙四隅に置いている。亡き王の権威または霊力を恐れて打ち割ったのか、あるいは小片でも僻邪の効力を信じ、より多くの鏡片にしたのか。いずれにしても女王から下賜された「威信財」の扱いからはほど遠い。

三世紀中葉以降、朝鮮半島諸国では鏡はもはや副葬品の主要な構成品でなくなっている。わずかに金官加耶地域の四世紀代の１・２の王墓の副葬品になっているだけである。威勢品としての価値を失ったことを示している。三角縁神獣鏡が中国からもたらされたと仮定して、馬韓・弁辰地域の人々に関心がなくなった鏡ゆえに、その地に1枚の痕跡も残さず、中国王朝から倭人社会に持ち込めた可能性はある。しかし、三角縁神獣鏡は、前章まで触れたように多量副葬用の鏡である。１０００面に達する鏡が運ばれたのであれば、航海の経路上に多少の痕跡があってもよさそうであるが、まったく痕跡がないのも不自然である。初期ヤマト王権による提供（または贈与）は否定しないが、「威信財」として配布したとはいえない。

卑弥呼の鏡が画文帯神獣鏡だったという主張も同様である。

五世紀代になってもヤマト王権が中国王朝から画文帯神獣鏡を直接交渉で入手して地域首長に配布したという想定は、理解に苦しむ。朝鮮半島の諸国は新しい威勢品として、青銅容器や陶磁器、ガラス容器、金箔ガラス玉などを中国王朝から入手している。百済も南朝に再々朝貢している。そしてそれぞれの位階制を示す冠など独自の「威信財」を造りだしている。その動きに対し、百済ほどの回数ではないにしても、中国王朝に再三朝貢して爵位を求めたヤマト王権が、新しい制度・文物に関心を示さず、旧態依然として鏡を求め続けたのだろうか。鏡を後生大事に威信財と崇めるほど列島の地域首長が情報貧者であったとすれば、鎖国時代以上の事態を彷彿させる。それは中国王朝の支配形態を上回る国家体制が形成されていたとみなさざるを得ない。列島各地の首長が何の独自生産もできず、独自情報も持てなかった、ひたすら受け身の無為無策の首長だったとは思えない。

四世紀代、初期のヤマト王権が大きな転機を迎えている。

初期ヤマト王権は、三角縁神獣鏡の多量副葬の終焉と軌を一にするかのように衰退する。畿内では、巨大前方後円墳造営地が奈良盆地東辺（纏向地域）から盆地北部の奈良市域（佐紀盾列）に移る。少し遅れて盆地西部馬見丘陵地域にも巨大前方後円墳が次々に築かれる。さらにその後、巨大前方後円墳造営地の中心が河内（大阪府）に移る。同じ河内でも東寄りの藤井寺市から羽曳野市と堺市に分かれて巨大墳墓が相次いで築かれる。王朝交代論や政権交代論として提示されている畿内勢力図の大きな変化である。

畿内だけではなく、九州島では宮崎県、瀬戸内の南北部、山陰東半部、東国各地でそれぞれ地域最大級の前方後円墳が築かれている。

各地で起きているこの現象を、私は初期ヤマト王権の解体・再編という視点でとらえてみたい。初期ヤマト王権を形成していた播磨や吉備・讃岐・九州勢力・畿内勢力の分立である。九州島の勢力を背景に瀬戸内・畿内勢力で築いた初期ヤマト王権がその主導的立場を失い、それぞれに新たな枠組みを築き始めた時代といえる。前方後方墳を築いていた地域では、その地域に見合った力で前方後円墳も築けたはずである。ヤマト王権の認可が必要とは思えない。畿内の王権によって築造が認められた墓と見るより、各地の勢力が覇を競った姿と見るほうが自然ではないか。畿内勢力もその中の一つ、いわば地域権力である。

畿内勢力をヤマト王権として一括りにしてよいかどうかという議論はさておき、この地域勢力が列島最大・最強の勢力であったことは疑わない。しかし、前方後円墳時代を通してヤマト王権が列島の主要な対外交易権を独占していた、というのは思い込みに過ぎないのではないか。

前章で記したように、渡来系文物の在り方にも変化が起きている。初期ヤマト王権は、九州から参画した勢力のもとで朝鮮半島との交易グループに参画した。その拠点は金官加耶（金海地域）を中心とする地域との交易である。鉄器および金属素材の入手が中心であったと思われる。大成洞古墳群には、初期ヤマト王権に関わる鏃型石製模造品や巴形銅器が数多く認められる。製作地の議論は確定していないが、筒形銅器も瀬戸内・畿内地域と金海地域に集中している。ところが四世紀後半以降、河内を中心に畿内には主に新羅系の威勢品的文物が増える。

一方、五世紀末葉以降西九州では百済系、大加耶系、北陸や東国には大加耶系の威信財的文物が分布する。しかもそれぞれの国の位階制を示す冠や飾履・耳飾りが少なくない。それは初期と第二期ヤマト王権がこだわっていた金海あるいは新羅ではなく、新羅より西の国々の威勢品である。倭国王と名乗ったヤマトの王権が百済や新羅あるいは大加耶の位階を象徴する冠や耳飾りを一手に入手し、列島各地首長に「威信財」として配布することなどあり得ない。ヤマト王権とは別の権力形態が各地に存在していたことを示している。各地首長が朝鮮半島の諸国と独自に外交を行なった結果と解釈すべきであろう。

本書の主題でなかったので省略してきたが、前方後円墳の展開を軸に「ヤマト王権」の実態を見ると、前方後円墳時代のヤマト王権は少なくとも三つの顔を持っている。

第一期は本書に記した西北部九州沿岸部の首長層と中部瀬戸内勢力および大和纏向を中心とする畿内勢力の三者による初期ヤマト王権である。

第二期は巨大前方後円墳が大和から河内に移行した畿内王権である。初期ヤマト王権を象徴してきた三角縁神獣鏡と石製模造品はその存在意義を失い、各地に巨大前方後円墳が覇を競うように築かれた時期である。列島各地の首長（王）は列島内遠・近勢力との連携を保ちつつ、朝鮮半島勢力との関係も重視した、

第三期は、北陸に出自を持った王が畿内勢力との確執を経て大和に入り、列島内を広範囲にまとめ始めたヤマト王権である。冷静に見ると前方後円墳が爆発的に築かれるのは、じつはこの時期である。前方後円墳そのものをほとんど受け入れることがなかった、鹿児島県西半部以南と東北北半と北海道は別にしても、瀬戸内東半部から近畿地域を除く多くの地域で前方後円墳の築造がピークを迎える（藤田／２００２年　前出）。

都出氏の前方後円墳体制論における初期国家は、この三つのステージに分けて語る必要があるのではなかろうか。第一、第二ステージのヤマト王権はいかに強力な勢力であったとしても、列島の倭人社会の中の一

地域国家と見るのがより妥当な解釈と思われる。

中国の史書に記された国、中国王朝と交渉をした国が列島をまとめた唯一の国、最強の国とは限らない。記録に残らなかった国もあってよい。各地の考古資料が、邪馬台国ともヤマト王権とも異なる歴史を刻んでいることを雄弁に物語っている。それを中央権力と地域首長の関係で発生した事象と片付けてしまうと、列島各地の実像が遠くかすんでしまう。そろそろ列島社会を一つの中心権力形態で括ってしまう発想から解放されたいものである。

あとがき

本書を書くことを逡巡していた。その思いは今も強い。定年退職を節目に一応、卒業論文を仕上げるつもりだった。いざ準備を始めるといちばん重要で基礎的な課題をまったく解明できていなかったことに気付いた。改めて多くの宿題を抱えることになった。

関西外語大学の佐古和枝先生の仲介で、故門脇禎二先生と定期的な勉強会の場を得たのは定年のカウントダウンに入りかけたときだった。勉強会のあとのお酒の席も楽しかったが、何よりも、そのころ私が感じていた違和感の正体が少しずつ見え始めたことが大きな成果だった。

門脇先生はかつて邪馬台国大和論者だった。地域史像の構築という作業を重ね、大和論と決別した経緯を未完のまま旅立たれた最後の著書に記されている。ぜひ一読願いたい。

前方後円墳や前方後方墳の成立過程は見えていた。ところが、その副葬品である鉄器や鏡はどのような道筋を経て倭人社会に入って来たのか。どのような経緯でヤマト王権の威信材的な器物になったのか。それは自己否定の作業でもあった。課題は韓国だった。弥生時代の始まりは韓国考古事情との関係に深い関心が払われている。ところが前方後円墳時代の始まりについては、ヤマト王権と中国王朝の関係だけで語られることが多い。朝鮮半島諸集団と良好な関係を保たなければ楽浪にたどりつくことさえできなかったはずの倭人社会の一領袖（邪馬台国であれ、ヤマト王権であれ）が、経由地の文化の影響を受けることなく、突然、漢や魏の思想を先取りできたのか。不勉強ゆえに抱いた素朴な疑問である。

願ってもない機会が訪れた。２０１２年8月から１２月まで（財）中部考古学研究所と（財）大韓文化財研究院でお世話になり、２０１３年3月から高麗大學校考古環境研究所のお世話になり、２０１５年9月から忠北大学校に通うことになった。いずれの機関でも遺跡調査や資料見学、学会参加など自由に振る舞えるよう最大限の配慮をしていただいた。

多少の予備知識など役に立たなかった。韓国内には三世紀後半から七世紀まで複数の国や政治体と呼ばれる地域権力が形成されている。それぞれの成長過程も異なっている。隣接地は似た文化内容を示す部分もあれば、異なっている部分もある。古い形の土器がほとんど変化しないまま長い間残っている地域もある。韓国の研究者は同じ地域色という言葉を用いながらも、その地域差を当たり前のように、別の権力あるいは政治体・領域として扱っている。頭の中ではわかっていたつもりでも、それぞれの遺物や遺跡を目の当たりにして「百聞は一見に如かず」を体感した。

都出比呂志先生の仮説は魅力的である。だからこそ、基礎的な検証とアンチテーゼが必要だと思っていた。しかし、私自身の機が熟していない。本書には事前に検証・解決しておかなければならない課題がいくつもある。九州島の倭人社会と支石墓や水田稲作集団との関係、支石墓と多鈕鏡および青銅祭器との関係、朝鮮半島における鏡文化の推移、羅州を中心とした前方後円墳と倭系文物・百済の威勢品などの動きとその理解、ヤマト王権の三つの側面などである。一応の見通しをつけてはいるつもりだが、まだ充分実証的な手続きを踏めていない。

手順前後はしばしばまったく違った結果を生む。まだまだ時間があると気楽に構えていた矢先、本書の執筆、出版を勧めてくれていた弟の日本出版ネットワーク編集者藤田順三が急逝した。鷹揚に構えすぎて後悔していた私に、故人のあとを引き継ぐから出版しましょうと山本晃市さんと弟の仲間たちが声をかけてくださった。氏らが背中を押してくださらなかったら、本書は日の目を見ることはなかったと思う。

見通しに確信が持てないまま、執筆することにしたもう一つの契機は、昨今の国際学会や講演会、論文に垣間見える倭（ヤマト）王権論と威信財論である。これまでの研究を批判的に乗り越えてくれるはずの新進研究者が判で押したようなヤマト王権（表現は様々）論を展開するのを聞くにつけ、蜂の一刺しをするときが来たと覚悟した。

本書を著すにあたって、まず何よりもすべての環境を整えて下さった高麗大學校の李弘鐘先生、崔鐘澤先生に衷心よりお礼申し上げたい。また、折に触れ的確な助言とご指導をしてくださった同僚の山崎純男先生と土田純子先生、韓国滞在初期から諸々支えて下さった崔秉鉉先生、金武重先生、李暎徹先生に感謝したい。不揃いの文字と難読の文章に根気よくつき合って整理してくださった山本晃市さんと図面の手入れやデザインを担当してくれた山本哲史さんを初め、弟藤田順三とその仲間たちに感謝します。

２０１６年２月

参考文献一覧

史料

『三国志魏書東夷伝倭人条』

論文・著書

日本語

安在晧／「松菊里文化成立期の嶺南社会と弥生文化」『弥生時代の考古学』同成社
今津節生／「ホケノ山古墳の理化学的調査」『ホケノ山古墳調査概報』学生社
上野祥史・国立歴史民俗博物館編／『歴博フォーラム　祇園大塚山古墳と五世紀という時代』六一書房
梅原末治／「備前和気郡鶴山丸山古墳」『近畿地方古墳墓の調査』3日本古文化研究所報告9
大阪府立弥生文化博物館編／「総合討論」『弥生文化の成立』角川書店
岡村秀典／『三角縁獣鏡の時代』吉川弘文館
門脇禎二／『邪馬台国と地域王国』吉川弘文館
河上邦彦／「まとめ」『ホケノ山古墳調査概報』学生社
川越哲史／『弥生時代鉄器総覧』広島大学文学部考古学研究室
甲元眞之／『東北アジアの青銅器文化と社会』同成社
岸本直文／「西求女塚鏡群の歴史的意義」『西求女塚古墳発掘調査報告書』神戸市教育委員会
国立歴史民俗博物館編／「日本出土鏡データ集成」『国立歴史民俗博物館研究報告』56集
近藤義郎／『前方後円墳の成立』岩波書店
近藤義郎編／『前方後円墳集成全六巻』山川出版
佐伯英樹／「前方後方形周溝墓」『滋賀考古』21号
高島忠平／「近畿説はあり得ない」『研究最前線邪馬台国』朝日新聞出版
都出比呂志／「日本古代の国家形成論序説―前方後円墳体制の提唱―」『日本史研究』三四三
都出比呂志／『前方後円墳と社会』塙書房
都出比呂志／『古代国家はこうして生まれた』角川書店
都出比呂志／「前方後円墳出現期の社会」『考古学研究』
常松幹雄／「最古の王墓・吉武高木遺跡」『シリーズ「遺跡を学ぶ」』24　新泉社
寺沢薫／「畿内古式土師器の編年と二・三の課題」『矢部遺跡』奈良県文化財調査報告書第34集 奈良県立橿原考古学研究所
橋本輝彦／「纒向遺跡の出現期古墳出土土器とその年代」『古式土師器の実年代』（財）大阪府文化財センター
春成秀爾 他／「古墳出現の炭素14年代」『日本考古学協会第七五回総会研究発表要旨』
平野邦夫／「倭人伝の現代語訳と解説」『吉野ヶ里遺跡点図録』朝日新聞社
福岡市教育委員会／「藤崎遺跡一五―藤崎遺跡第三二次調査報告―」『福岡市埋蔵文化財調査報告』第八二四集
福永伸哉／「舶載三角縁神獣鏡の製作年代」『待兼山論叢』第30号史学編 大阪大学文学部

福永伸哉／『三角縁神獣鏡の研究』大阪大学出版会
藤田憲司／「前方後円墳体制論を考える（覚え書き）」『大阪文化財論集』Ⅱ（財）大阪府文化財センター
藤田憲司／「見えざる鉄器」『究班』九阪研究会
藤田憲司／『山陰弥生墳丘墓の研究』日本出版ネットワーク
藤田憲司／「讃岐の石棺」『倉敷考古館研究集報』第12号
藤田憲司／「箸墓は卑弥呼の墓か」『紀要』12大阪府立近つ飛鳥博物館
間壁忠彦・間壁葭子／「石棺石材の同定と岡山県の石棺をめぐる問題」『倉敷考古館研究集報』9号
光谷拓実／「ヒノキ製腰掛の年輪年代」『下田遺跡』第二分冊財団法人大阪府文化財調査研究センター
森浩一／「日本の遺跡と銅鏡―遺跡での共存関係を中心に―」『日本古代文化の探求　鏡』社会思想社
山崎純男／『九州縄文社会の研究』熊本大学学位論文
山崎純男／「最古の農村・板付遺跡」『シリーズ「遺跡を学ぶ」』48　新泉社
和田晴吾／「棺と古墳祭祀―『閉ざされた棺』と『開かれた棺』―」『立命館大学考古論集』Ⅲ

韓国語

新井悟／「韓半島南部出土古墳時代倭鏡」『青銅器と古代社会』福泉博物館
李秀鴻／「慶南地域の青銅器時代墓制とコインドル」『アジア巨石文化とコインドル』
李漢祥／「百済の金属製冠文化」『百済の冠』公州博物館
李亨源／「京畿地域の青銅器時代墓制とコインドル」『アジア巨石文化とコインドル』）
李陽洙／「韓半島三韓・三国時代銅鏡に関する考古学的研究」釜山大學校学位論文
李榮文／『韓国支石墓社会研究』学研文化社
韓国考古学会監修／『韓国考古学概要』
韓国文化財研究機関協会／『韓国出土外来遺物』一・二
金承玉／「錦江流域松菊里型墓制の研究」『韓国考古学報』45
申敬澈／「調査所見」『金海大成洞古墳群Ⅰ』慶星大學校博物館
孫俊鎬／「湖西地域青銅器時代墓制とコインドル」『アジア巨石文化とコインドル』
趙鎭先／「多鈕鏡で見る東北アジア青銅器文化の発展」『青銅鏡と古代社会』
土田純子／「考古資料から見た漢城期百済の領域拡大過程研究」『第12回매산記念講座　中部地域漢城百済期の百済周辺政治体の動向』崇実大學校
中村大介／「日本列島弥生時代開始期の墓制」『アジア巨石文化とコインドル』
福泉博物館／特別展図録『神の鏡』
平郡達哉／「日本九州地方のコインドルと保存現況」『世界巨石文化とコインドル』東北アジア支石墓研究所
文化財庁・ソウル大學校博物館／『韓国支石墓（コインドル）遺跡総合調査・研究』
朴淳發／「墓制の変遷で見る漢城期百済の地方編成過程」『韓国古代史研究』48韓国古代史学会
朴天秀／『日本の中の古代韓国文化』
宮里修／「多鈕鏡の製作地」『青銅鏡と古代社会』

〔著者紹介〕
藤田 憲司
（ふじた・けんじ）

1947年香川県生まれ。岡山大学法文学部卒。NPO法人国際文化財研究センター副理事長。倉敷民芸館、岡山県教育委員会、倉敷考古館、（財）大阪府文化財センター調査事務所長、大阪府立近つ飛鳥博物館副館長、韓国高麗大学校研究教授を経て、現在、東アジア史的視点で列島古代史を研究している。
主な著書に『山陰弥生墳丘墓の研究』（日本出版ネットワーク）、『弥生文化の成立』（共著／角川書店）、『岡山県の考古学－弥生時代』（共著／吉川弘文庫）、『こうもり塚古墳と江崎古墳』（吉備人出版）などがある。

編集：山本晃市（DO Mt. BOOK）
装丁・デザイン：山本哲史
プロデュース：藤田順三

邪馬台国とヤマト王権
卑弥呼の「鏡」が解き明かす

2016年 2月23日 初版第1刷発行

■著者　藤田憲司
■発行者　塚田敬幸
■発行所　えにし書房株式会社
〒102-0074 東京都千代田区九段南2-2-7 北の丸ビル3F
TEL 03-6261-4369　FAX 03-6261-4379
ウェブサイト　http://www.enishishobo.co.jp
E-mail　info@enishishobo.co.jp

■印刷／製本　モリモト印刷株式会社

ISBN978-4-908073-21-2 C0021
